LETTRES

SUR CETTE QUESTION :

POURQUOI

La Révolution de Juillet

A-T-ELLE TROMPÉ LES ESPÉRANCES DE LA NATION ?

Comment en un plomb vil l'or pur s'est-il changé ?

EXTRAIT DU SEMEUR.

———

PARIS.

CHEZ J.-J. RISLER, LIBRAIRE,

RUE DE L'ORATOIRE, Nº 6.

—

1832.

LETTRES

SUR CETTE QUESTION :

POURQUOI

La Révolution de Juillet

A-T-ELLE TROMPÉ LES ESPÉRANCES DE LA NATION ?

Comment en un plomb vil l'or pur s'est-il changé ?

EXTRAIT DU SEMEUR.

PARIS.

CHEZ J.-J. RISLER, LIBRAIRE,

RUE DE L'ORATOIRE, N° 6.

—

1832.

IMPRIMERIE DE SELLIGUE,
rue des Jeûneurs, n° 14.

AVANT-PROPOS.

L'auteur de ces lettres a envisagé nos affaires politiques sous le point de vue religieux. C'était se résoudre à heurter toutes les opinions dominantes ; il a rempli ce devoir, parce qu'il est persuadé que l'avenir du pays tient essentiellement à l'avenir du Christianisme. Les amis de l'Évangile sont encore peu nombreux en France; depuis le grand naufrage de la foi chrétienne au dix-huitième siècle, on doit même reconnaître qu'ils n'y forment qu'une imperceptible minorité ; mais la valeur des principes qu'ils soutiennent compense leur faiblesse numérique. Dans notre état actuel de civilisation, il est impossible que la force reste long-temps aux mains des passions ou des masses; elle doit bientôt revenir, par l'effet d'une autre force plus puissante, aux idées morales et aux maximes d'ordre qui peuvent seuls la gouverner.

En examinant la marche des partis, l'auteur a quelquefois employé des expressions énergiques ; il l'a fait sans aigreur. Les sentimens de haine lui sont étrangers, et il n'a pas voulu composer une satyre. Mais il aime assez la France pour ne taire aucune des vérités qu'il regarde comme essentielles à son bonheur, et il estime assez les Français pour croire qu'ils sont capables de les entendre.

Le seul regret qu'il éprouve, c'est d'être privé des ta-
lens qu'il faudrait avoir pour traiter avec succès la grande
question des rapports du Christianisme avec notre état
politique. Il n'aurait point soulevé de ses faibles mains
une arme si pesante, s'il ne l'avait point vue par terre.
Il élève la voix, parce que d'autres, plus habiles et plus
forts que lui, s'abstiennent de parler, et il espère que
l'importance de la cause fera pardonner l'incapacité de
son défenseur.

LETTRES

SUR CETTE QUESTION :

POURQUOI LA RÉVOLUTION DE JUILLET A-T-ELLE TROMPÉ LES ESPÉRANCES DE LA NATION ?

LETTRE PREMIERE.

Résumé de notre situation politique.

Deux ans se sont écoulés depuis qu'une guerre civile de trois jours a précipité du trône dans l'exil la branche ainée des Bourbons. Cet immense événement fut salué par des cris d'enthousiasme et par des chants de victoire ; une vaste espérance, désordonnée comme le vertige, brûlante comme la fièvre, s'empara du pays. Chacun voyait dans la révolution ce qu'il désirait d'y trouver. Les hommes politiques du parti libéral se réjouissaient de pouvoir enfin réaliser leurs théories constitutionnelles avec le concours d'un prince élu par les mandataires de la nation. Les hommes de lettres, les rédacteurs de journaux, les auteurs dramatiques s'applaudissaient d'être affranchis de toutes les entraves qui arrêtaient, disaient-ils, la marche de leurs idées et comprimaient les élans du génie. Les vieux soldats de l'empire versaient des pleurs de joie à la vue de l'héroïque drapeau qu'ils avaient arboré sur les clochers de toutes les capitales de l'Europe ; et ils pensaient, dans la naïveté de leurs grands souvenirs, qu'il suffisait de déployer sur la frontière ses nobles couleurs pour ressusciter l'effroi qu'inspirait Napoléon. Les hommes de négoce et d'industrie s'attendaient à obtenir des moyens de travail plus abondans et de nouveaux débouchés pour les produits de leurs fabriques. Le peuple, le peuple de Paris surtout, s'enivrait des éloges que l'on prodiguait à son courage militaire; il était fier du sang qu'il avait répandu; il se persuadait qu'il pouvait *croiser les bras après son œuvre immense*, comme le dit alors un poète national, et il transformait, dans son espoir, tous les coups de fusil de la grande semaine en diminution d'impôts et en accroissement de bien-être. La jeunesse des écoles prenait sa part de l'encens que recevait le peuple; elle accourait, joyeuse et la tête haute, à toutes les fêtes patriotiques, et elle s'imaginait, dans ses rêves d'enfant, que le nouvel ordre de choses amènerait une suite non interrompue de beaux spectacles et de vives émotions. Les ambitieux de tout ordre enfin, depuis l'orateur parlementaire qui voulait être ministre jusqu'au paysan désœuvré qui aspirait à devenir garde-champêtre, chacun se ruait sur les places comme sur une inépuisable curée. Ainsi tout le monde se flattait, le lendemain des trois journées, d'y trouver des moyens de fortune, de gloire, de puissance, de bien-être, ou tout au moins de simple amusement. Une révolution qui commence, n'ayant pas encore pris des formes arrêtées, ni choisi les hommes qui doivent la servir, ouvre une large porte à toutes les théories et à tous les intérêts : elle ressemble à une riche et belle héritière qui n'a pas encore fixé son choix entre ses nombreux prétendans.

Au dehors, les peuples partageaient l'enthousiasme de la France. Les uns voyaient avec orgueil dans la victoire de juillet le triomphe de la force civile sur la force militaire; c'était une importante leçon qui apprenait aux gouvernés à défendre leurs droits, et aux gouvernans à les respecter. D'autres supposaient que la chute de la branche aînée des Bourbons annullerait les traités de 1815, et que le glaive allait décider si les populations de Saxe, de Pologne, de Belgique et d'Italie, troupeaux dont le congrès de Vienne avait fait trafic et marchandise, ne recouvreraient pas leur existence nationale. D'autres encore se réjouissaient de voir la France plus libre, parce qu'ils y trouvaient un point d'appui pour se donner à eux-mêmes des libertés politiques plus étendues. Tous éprouvaient cette commotion électrique, ce mouvement irrésistible, qui unit les peuples aux peuples, comme l'intérêt du pouvoir associe les rois. Deux cents millions d'hommes s'étaient donc levés, en Europe et en Amérique, pour entendre l'écho lointain de nos triomphes populaires, et ils se tenaient debout, en nous saluant de leurs grandes acclamations.

Au milieu de cet élan universel, on ne prenait plus garde en France au parti légitimiste. Il s'était effacé dans les jours de combat. Puis, étourdi d'une chute si prompte et si imprévue, n'ayant pas encore eu le temps de se construire un nouveau système pour s'y rallier, ne possédant ni principes ni hommes supérieurs, il semblait avoir été, non pas seulement vaincu, mais anéanti. On attribuait quelques présages sinistres, timidement indiqués dans ses journaux, moins à la sagesse de ses prévisions qu'à ses intérêts froissés et à la honte de sa défaite. Le parti légitimiste n'obtenait pas alors plus d'attention de la France que les Romains n'en accordaient aux esclaves traînés derrière le char des triomphateurs, et qui leur jetaient des insultes pendant qu'ils marchaient sur la voie du Capitole.

Il y avait bien çà et là des hommes d'un caractère sérieux et d'une portée politique supérieure à celle du vulgaire, qui ne partageaient pas du tout l'engouement général. Dans cet horizon que l'on croyait si pur, ils apercevaient des taches noires, tristes avant-coureurs de longs orages. Ils prévoyaient que l'allégresse du peuple ferait bientôt place à des cris de douleur ou de vengeance, et que les fleurs qui ornaient tant de fronts ne serviraient qu'à parer des victimes pour le sacrifice. Mais ces hommes renfermaient en eux leurs inquiétudes et leurs craintes; silencieux et pensifs, ils se rangeaient pour laisser passer les flots de l'enthousiasme populaire. Dans les premiers temps qui suivirent la révolution, ce n'était pas même chose prudente, on peut m'en croire, d'élever des doutes sur le bonheur et la prospérité future du pays. Quiconque ne sympathisait pas avec les espérances de la multitude était réputé carliste ; et s'il osait dire que la victoire du peuple préparait le chemin à de nouvelles catastrophes, au lieu d'en arrêter le cours, il passait à coup sûr pour un jésuite déguisé.

Aujourd'hui..... Mais il n'a pas fallu deux ans pour dissiper beaucoup d'illusions : quelques mois ont suffi. L'émeute ne tarda pas à rugir périodiquement dans les rues de la capitale, tantôt pour avoir du pain, tantôt pour demander du sang. Dans l'ouest et dans le midi, deux factions se trouvèrent en face l'une de l'autre ; les carlistes du bas-étage y préludaient à la guerre civile par des meurtres, et les républicains imberbes y plantaient, avec un délire frénétique, des arbres de liberté. Le commerce et l'industrie, bien loin de refleurir, semblaient avoir été ensevelis sous les pavés des barricades. Les publicistes et les hommes d'état, qui se promettaient de régénérer le pays par les excellentes lois qu'ils avaient élaborées sur le papier, n'en firent que peu ou point à la tribune nationale ; ils passèrent leur temps à se quereller sur des principes et à se disputer des portefeuilles. Les hommes de lettres, qui se vantaient beaucoup de composer des œuvres de génie dès qu'il n'y aurait plus de censure dramatique, tombèrent dans les plus ignobles parades, pour ne pas dire les obscénités les plus révoltantes qu'il soit possible d'imaginer. Les compagnons de gloire de Bonaparte s'aperçurent que la couleur du drapeau ne rendait pas au pays la prépondérance militaire qu'il avait acquise à Austerlitz et à Wagram. Comme il y avait dix fois plus de solliciteurs que de places, il y eut neuf personnes mécontentes pour une qui ne l'était pas, et encore parmi ceux qui se trouvaient placés, plusieurs jugèrent qu'ils n'exerçaient point des fonctions équivalentes à leur mérite. Les jeunes gens des écoles eurent la prétention de vouloir régenter le pays ; on les pria d'attendre qu'ils fussent devenus majeurs, et ils s'en retournèrent sur leurs bancs, fort peu satisfaits du drame trop pâle de la révolution. Quant au peuple, il murmura, se souleva, brisa des métiers, ce qui ne le dispensa point de payer plus d'impôts avec moins de travail. L'opposition, qui s'était ralliée d'abord au nouveau gouvernement avec un noble sentiment d'abnégation personnelle, se refaisait de jour en jour dans les chambres et hors des chambres. C'est sous le poids de ces cruels désenchantemens que tomba le ministère Guizot et Broglie. Ces deux hommes d'état, malgré leurs bonnes intentions et leur haute capacité, durent céder à la force des circonstances. Benjamin Constant mourut en prononçant de poignantes paroles : comme Mirabeau qui disait, sur son lit de mort, qu'il emportait les lambeaux de la monarchie, Benjamin Constant put dire, sur le sien, qu'il emportait les lambeaux des espérances nationales.

Le mal ne fit que s'accroître sous le ministère Laffitte. Le chef du cabinet, fort honnête homme et habile financier, n'avait point un caractère assez ferme, ni une portée politique assez étendue, ni une éloquence de tribune assez puissante, je ne dis pas pour donner à la France le bonheur qu'elle s'était promis (car cela n'est possible à personne, comme nous le prouverons), mais seulement pour faire fonctionner les rouages de l'administration sans trop d'encombre. La défiance grandit, parce que la main du pouvoir était faible, et elle éleva des plaintes d'autant plus amères qu'elle durait depuis un plus long temps. Les factions, d'une autre part, se fortifièrent de toute la force dont le gouvernement ne savait point user ; *tout devenait aquilon* pour ce ministère, et il n'y eut pas jusqu'aux Saint-Simoniens qui n'acquirent alors une espèce de puissance. Mais le trait le plus remarquable de cette époque, ce fut l'attitude de l'opposition. M. Laffitte avait été pris dans ses rangs , et pourtant l'opposition, soit dans les chambres , soit dans les journaux , ne cessait de harceler le chef du ministère. Cela fit beaucoup réfléchir les hommes qui s'occupent des affaires politiques, et les conséquences de ce fait sont de telle nature qu'elles s'effaceront difficilement de la mémoire du prince et de celle des amis de l'ordre. Au dehors le ministère Laffitte n'était pas plus fort qu'au dedans. La Belgique se débattait sous un réseau de protocoles qui l'enveloppaient de toutes parts ; la Pologne soutenait héroïquement la lutte, mais une lutte isolée avec le colosse moscovite, et les troupes de l'Autriche entraient dans les États romains. Enfin ce ministère succomba sous l'émeute triomphante à St-Germain-l'Auxerrois et sous les cyniques orgies du sac de l'Archevêché. La France n'y pouvait plus tenir.

Alors parut un homme fort et puissant, Casimir Périer ; mais sa force de caractère échoua contre la force des choses, et sa puissance , comme personnage politique, se brisa contre celle des événemens. Il sacrifia à regret l'hérédité de la pairie. Il dut pactiser avec l'insurrection des ouvriers de Lyon. Il dut laisser le nœud gordien de la Belgique s'embrouiller toujours davantage. Il dut assister de loin à l'assassinat de la Pologne, sans pouvoir lui porter secours. Tout est sacrifice dans son ministère ; M. Casimir Périer fut obligé de résister comme les Parthes , en reculant. L'opposition se fit plus âpre et devint systématique. Elle passa du mauvais vouloir qu'elle avait montré sous le ministère Laffitte à la violence , de la violence à la haine , de la haine aux injures personnelles , des injures personnelles aux attaques les plus furibondes. Au lieu des lois sur l'organisation départementale et sur l'instruction primaire que réclamait le pays, la chambre ne lui donna que des scènes dramatiques chaudement dialoguées, et la plus grande partie de la session fut employée à ces pugilats de tribune, qui n'avaient pas le seul inconvénient d'être stériles pour le bonheur de la nation ;

car ils déconsidéraient à la fois ceux qui étaient ministres et ceux qui voulaient le devenir. M. Casimir Périer ne put se refuser à suivre ses adversaires sur ce terrain, nouveau sacrifice qui ne dut pas moins lui coûter que les autres. Le choléra vint joindre ses miasmes pestilentiels à toutes les maladies morales qui désolaient la France, et Casimir Périer, écrasé sous le faix, parut s'être hâté de voiler, avant de mourir, sa haute intelligence, pour n'avoir pas trop d'amertumes à éprouver sur les malheurs de sa patrie.

Depuis lors une ambition maternelle profondément déplorable, et chez d'autres, je ne sais quel chevaleresque point d'honneur qui exige apparemment qu'on se fasse tuer quand on ne peut mieux faire, ont allumé la guerre civile dans la Vendée. A Paris, quelques jeunes gens qui prennent leurs passions pour des idées politiques, soutenus par des vagabonds sans aveu et par d'anciens militaires qui ne savent pas résister à l'odeur de la poudre, ont aussi fait verser du sang français. Le ministère, se méprenant sur ses droits, a mis la capitale en état de siége. Une partie de l'opposition extra-parlementaire s'est changée en radicalisme. Quelques journaux ont franchi toutes les bornes jusqu'à présent connues de la licence de la presse et, pour ne respecter personne, ils ont commencé par ne plus se respecter eux-mêmes. La plupart des industries souffrent ; le commerce ne se relève quelques jours que pour retomber devant une nouvelle cause d'inquiétude, et les hommes de négoce ont hâte de saisir un moment de répit, n'ignorant pas que s'ils attendent, ils s'exposent à tout perdre. On croirait voir un malade qui descend de sa couche oisive, à la première lueur de convalescence, et qui s'empresse de faire quelques pas, avant que la crise lui revienne.

A la place de ces espérances fébriles qu'avait fait naître la révolution de juillet, chacun se borne maintenant à demander une sorte de bonheur et de liberté négatifs. Point d'émeutes, point de guerre civile ni étrangère, point de république, point de lois trop libérales ; pourvu qu'on ne voie pas ses propriétés et sa personne menacées, pourvu qu'il n'y ait pas une stagnation complète daus les affaires commerciales, pourvu qu'on puisse avoir un peu de confiance dans l'avenir, pourvu qu'on ne soit pas réduit à se battre dans les rues ou à mourir de faim, chacun se tiendra, en général, pour satisfait. Le progrès doit être ajourné ; les perfectionnemens se feront dans des temps plus heureux : telle est l'opinion des classes laborieuses qui composent les trois quarts du pays. La révolution de juillet ne se résume plus dans un espoir de prospérité croissante, mais dans une négation.

Notre avenir matériel ne présente qu'un seul point complétement favorable : ce sont les récoltes abondantes, les riches moissons qui couvrent nos campagnes. Mais c'est là l'œuvre de Dieu, non celle de l'homme. Dieu daigne prévenir, par les bienfaits de sa Providence, les fatales extrémités auxquelles le triste état du commerce et l'abaissement du prix de la main-d'œuvre auraient pu entraîner le peuple dans les mauvais jours de l'hiver ; ses dons inépuisables réparent, du moins en quelque partie, les résultats de nos fautes politiques. Gloire, gloire en soit donc à Dieu ! Et nous nous croyons d'autant plus appelés à rendre ici témoignage à sa bonté paternelle que les feuilles politiques, tout en parlant de la prospérité de nos récoltes avec une sollicitude qui montre l'importance qu'elles y attachent, n'ont pas trouvé un seul mot de reconnaissance pour Celui dont nous les avons reçues. Cette déplorable ingratitude n'a rien qui nous surprenne ; mais nous, qui ne craignons pas d'avouer que nous avons foi en Dieu, nous ne voulons point en être complice.

Revenons. Les détails qui précèdent montrent suffisamment que le pays avait fait des calculs complétement faux sur les résultats de la révolution de 1830. Tous les partis, du reste, s'accordent à le reconnaître, les républicains aussi bien que les carlistes, et les défenseurs du ministère de même que les organes de la gauche; ils ne se divisent que sur les causes de ce grand mécompte national. Les uns et les autres se demandent: Pourquoi la France n'a-t-elle vu s'accroître depuis deux ans ni sa force, ni sa gloire, ni son industrie, ni sa fortune, ni même ses libertés? Pourquoi ce qui promettait tant de fruits en a-t-il porté si peu, et des fruits parfois si amers? Pourquoi notre marche, soit administrative, soit financière, soit matérielle, soit morale, a-t-elle été rétrograde plutôt que progressive? D'où vient que tout le monde, ou à peu près, a perdu beaucoup plus qu'il n'a gagné par le nouvel état de choses? Comment expliquer enfin cette vaste illusion, cet aveuglement inouï de presque tout un peuple, qui s'est engoué de si beaux rêves sur un événement dont les conséquences devaient être si pénibles? Ces différentes questions se réduisent à une seule: Pourquoi la révolution de juillet a-t-elle trompé les espérances de la nation?

Chaque parti cherche à résoudre ce problème aux dépens des partis opposés. Les légitimistes en accusent la nouvelle dynastie, le ministère et l'opposition. Les écrivains du juste-milieu s'en prennent à l'ancienne droite et à la nouvelle gauche. Les organes de l'école américaine en rejettent la faute sur le gouvernement du 7 août et sur le carlisme. Ce n'est là évidemment qu'une vue de parti, en d'autres termes, une vue partiale et par conséquent fausse du sujet. Pour avoir toutes les données du problème, il faut être en dehors de toutes les opinions.

Or, telle est précisément la position des amis de l'Evangile en France. Trop peu nombreux pour exercer une action directe sur la marche des affaires, n'ayant d'ailleurs aucun personnage à pousser dans un poste influent, ils peuvent seuls placer la question au-dessus des intérêts et des hommes de parti. Tenir la balance égale entre tous leur est d'autant plus facile qu'ils ont des principes immuables, supérieurs aux circonstances, et qui ne dépendent pas plus des utopies démagogiques d'un tribun que des sanguinaires menaces d'un despote. Ils acceptent dans chaque opinion ce qu'elle offre de juste et de vrai; ils repoussent, de quelque part qu'il leur vienne, ce qui est inique et faux. C'est donc aux disciples de Christ plus qu'à tout autre qu'il appartient de résoudre le problème de notre situation politique.

J'adjure ici tout lecteur, en particulier ceux qui ne croient pas encore à l'Evangile, de m'accorder une sérieuse attention. Je ne me flatte point de leur présenter des vues profondes; mais elles seront nouvelles par cela seul qu'elles seront impartiales. Avec moins de lumières et d'expérience que le défenseur d'une opinion systématique, un chrétien doit cependant voir mieux et plus loin que lui.

LETTRE II.

Les deux classifications.

Partons de quelques points sur lesquels les hommes éclairés de toutes les opinions sont d'accord.

Il est incontestable, en premier lieu, que la prospérité d'une nation dépend de certains faits moraux et matériels, ou de certaines conditions que rien ne peut remplacer. On n'improvise pas le bonheur national comme un discours de tribune; on n'ordonne pas à un peuple d'être heureux comme on publie un programme de réjouissances publiques. Le bien-être d'un pays tient à un vaste ensemble de choses qui doivent le précéder. Prétendre améliorer le sort de plusieurs millions d'hommes aussi facilement qu'on dresse un mât de cocagne ou qu'on allume des lampions dans une fête populaire, c'est le rêve d'un songe-creux qui sort de rhétorique; il faudrait être plus insensé que lui pour l'examiner sérieusement.

Les hommes éclairés de tous les partis ne s'accordent pas seulement à dire qu'il existe certaines conditions nécessaires à la prospérité d'un état; ils s'accordent aussi, en général, sur la nature et le nombre de ces conditions. Interrogez le premier venu qui comprend les questions politiques, n'importe qu'il soit ministériel, légitimiste ou républicain, il vous répondra qu'un peuple n'est heureux et prospère qu'autant qu'il a des moyens de travail, de bonnes lois, des chefs intègres et habiles, de la moralité, de l'instruction. Deuxième point qu'il n'est pas nécessaire de discuter.

Enfin, les hommes éclairés de tous les partis reconnaissent que les diverses conditions de prospérité nationale ne peuvent pas être placées sur une seule et même ligne, comme si elles étaient toutes également importantes. Parmi ces conditions, les unes sont essentielles, les autres secondaires; les unes sont indispensables, on peut à la rigueur se passer des autres; les unes doivent être mises au sommet de l'échelle, les autres au dernier degré. En un mot, il y a telle condition de bonheur public sans laquelle tout le reste est presque nul; il y a telle autre condition dont l'absence ne se fait que médiocrement sentir. Nous marchons ensemble jusque-là.

Mais voici le point où nous nous séparons. Et cette séparation est tellement tranchée, que nous suivons, non pas des routes divergentes, mais des routes tout-à fait opposées. Les conditions que tous les partis regardent comme essentielles, nous les regardons comme secondaires; et les conditions qu'ils jugent n'être que secondaires, nous les jugeons essentielles. Ce qu'ils tiennent pour indispensable, nous croyons que l'on peut à toute force s'en passer; et ce dont ils se passeraient sans trop d'inquiétudes, nous le tenons pour indispensable. Telle condition à laquelle ils s'accordent à donner la première place, nous ne lui assignons que la dernière; telle autre condition qu'ils relèguent à la dernière place, nous l'élevons à la première. La classification des hommes de tous les partis politiques est précisément l'inverse de la nôtre. Si l'on nous compare à des voyageurs, ils vont au nord et nous au midi.

Pour expliquer cette grave et profonde antithèse, je vais présenter deux séries des conditions de prospérité nationale. La première est celle de tous les partis en France, comme on le verra plus tard; l'autre est avouée par tous les amis de l'Evangile.

Voici l'ordre dans lequel tous les partis rangent les conditions de prospérité publique :

1° Les personnes qui gouvernent ;

2° Les formes de gouvernement ;

3° L'industrie ;

4° Les lumières ;

5° Les mœurs.

L'égoïsme est le principe générateur de cette classification.

Voici maintenant l'ordre dans lequel tous les chrétiens rangent les conditions de prospérité publique :

1° Les mœurs ;

2° Les lumières ;

3° L'industrie ;

4° Les formes de gouvernement ;

5° Les personnes qui gouvernent.

L'amour, né du Christianisme, est le principe générateur de cette classification.

On peut voir, en examinant ces deux séries, que l'ordre de classification est complétement inverse. Les hommes de parti regardent les personnes qui gouvernent comme la première condition du bonheur public ; les chrétiens ne trouvent dans les personnes que la dernière condition. Les hommes de parti attachent une très-grande importance aux formes de gouvernement ; les chrétiens ne donnent à ces formes qu'une importance secondaire. Les mœurs , dont l'esprit de parti ne s'occupe jamais et qu'il relègue dédaigneusement au dernier degré, les chrétiens s'en occupent avant tout et les regardent comme la condition première et absolument indispensable du bonheur national. Les lumières, dont les hommes politiques parlent un peu plus que des mœurs , sans y mettre pourtant un prix bien haut, comme on le voit assez par leurs actes , les chrétiens ne les subordonnent qu'aux mœurs, parce qu'ils savent que l'instruction concourt essentiellement à la prospérité d'un peuple, quand elle est accompagnée de l'éducation. L'industrie est le seul objet qui figure au même degré sur les deux tableaux.

Or, des cinq conditions de prospérité publique, la révolution de juillet n'en a changé que deux : l'une, d'une manière complète, en remplaçant les personnes qui gouvernaient par des personnages nouveaux ; l'autre, d'une manière incomplète, en modifiant quelques formes de gouvernement. Quant aux mœurs, la révolution de juillet, bien loin de leur imprimer une meilleure tendance, leur a fourni des moyens plus actifs de corruption. Les lumières ont peu gagné depuis deux ans, surtout les vraies lumières, qui sont aussi différentes des lumières fausses qu'une torche incendiaire l'est du flambeau destiné à conduire les pas d'un voyageur. L'industrie, enfin, a beaucoup perdu depuis la même époque ; c'est elle qui a payé toutes les folles illusions des partis.

Il sera maintenant facile de s'expliquer ces deux choses : d'abord, pourquoi la nation française a rattaché de si hautes espérances à la révolution de juillet ; ensuite, pourquoi ces espérances ont été si cruellement déçues.

La révolution ayant changé les hommes qui gouvernaient et quelques formes de gouvernement, les partis politiques en ont beaucoup attendu, par le motif tout simple qu'ils regardent les personnes et les formes comme les plus importantes conditions du bonheur national. Mais leur espoir ne devait s'accomplir en aucune manière, parce que, dans la réalité des choses, ces conditions sont médiocrement importantes, et que les conditions essentielles sont les mœurs et l'éducation populaire, sur lesquelles la révolution de juillet a exercé une influence pernicieuse plutôt que favorable. Ce dernier point explique même pourquoi la révolution a fait jusqu'à présent plus de mal que de bien. Réaliser deux conditions secondaires en compromettant deux conditions essentielles, c'est la même chose que si l'on guérissait quelqu'un d'un rhume en lui donnant une fluxion de poitrine, ou qu'on le délivrât d'un mal de tête en lui faisant perdre la raison.

Telle nous paraît être la solution du problème, et nous

l'avons cherchée, pour ainsi dire, avec une rigueur mathématique. Ce qui va suivre n'en sera qu'un simple développement. Il fallait poser d'abord en quelques lignes les principales données, puis il faut nous occuper d'en offrir la justification. Nous allons donc établir, en examinant successivement chacune des cinq conditions de prospérité nationale :

Que la classification que nous avons attribuée aux hommes de tous les partis politiques est bien certainement la leur, et qu'ils ne peuvent en renier la responsabilité;

Que cette classification est fausse en théorie, funeste en pratique, et qu'elle a conduit la France dans une mauvaise voie, avant et après la révolution de juillet;

Enfin, que pour donner au pays la prospérité qu'il espérait d'obtenir de cette révolution, il faut améliorer ses mœurs et accroître ses lumières par le moyen des croyances religieuses, au lieu de se battre dans les rues, de se quereller à la tribune et de s'injurier dans les journaux, pour résoudre de misérables questions de places et d'individus.

LETTRE III.

Les personnes qui gouvernent.

Un homme d'esprit disait que toutes les révolutions se résument dans ce peu de mots : *Ote-toi de là pour que je m'y mette ;* on pourrait faire le même résumé de la polémique de tous les partis qui divisent la France. Bien qu'ils aient des vues complétement opposées sur les plus importantes questions de l'ordre social, ils sont d'accord sur ce point : Les personnes avant tout ! Avant tout, nos hommes, nos amis, nos protecteurs, nos protégés ! Les mœurs, les lumières et l'industrie viendront après ; elles sortiront d'un nouveau ministère ou d'une nouvelle dynastie comme l'effet sort de sa cause. Point de bonheur, point de prospérité d'aucun genre, s'écrient les hommes qui ne sont rien, si l'on ne change pas les hommes du pouvoir ! Et les hommes du pouvoir, séduits par la même erreur qu'ils envisagent sous un autre aspect, répondent à ceux qui ne sont rien : Point de bonheur, point de prospérité, si nous ne restons pas à la tête des affaires ! Le *personnalisme* (qu'on me permette d'employer ce mot) est le lieu-commun de tous les partis ; c'est la seule planche posée sur l'abîme qui les sépare, et ils ne viennent s'y donner la main que pour se battre corps à corps avec plus d'acharnement.

Ouvrez, dans un cabinet de lecture, vingt journaux politiques ; vous y verrez des noms propres différens, mais partout des noms propres, sur lesquels le journaliste fait reposer l'avenir du pays. Les hommes seront divers, mais la

puissance miraculeuse qu'on leur attribue ne le sera point,
et vous changerez de feuille sans changer d'illusion. Qui
vous présentera Henri V comme la panacée universelle,
qui Louis-Philippe, qui M. Dupin, qui M. Odilon-Barrot,
qui M. Mauguin. Chaque journal est inféodé à quelque
personnage influent; on le désigne par le nom de ce personnage, comme on désignait autrefois les terres par les
noms de leurs seigneurs.

La presse a conduit l'opinion publique dans la même
voie. Pour peu qu'on s'entretienne des affaires de l'Etat,
les noms d'hommes reparaissent toujours, et l'on ne ren-
contrerait pas un individu sur cinquante qui sorte des questions personnelles pour s'élever à des vues générales sur les
moyens de fonder la prospérité de la nation. Parlez des
bonnes mœurs, sans lesquelles il ne saurait y avoir de bien-
être domestique ni social, qui est-ce qui vous écoutera?
Dites que pour qu'un peuple profite d'institutions libres, il
faut que l'éducation l'en rende capable, qui est-ce qui vous
comprendra? Peut-être quelqu'un de la société trouvera
que vos paroles manquent de libéralisme, et il croira faire
un trait d'esprit en vous accusant d'appartenir au juste-
milieu. Mais citez à tort et à travers beaucoup de noms
propres; dites que tel ministère cause tous les malheurs de
la France, et que tel autre les guérirait infailliblement, vous
tiendrez un langage intelligible à tous vos auditeurs; et s'il
y a quelque ministériel qui vous écoute, il attaquera, non
la base de votre argument, mais son application; il préten-
dra que vous raisonnez faux, non que vous raisonnez mal,
et il vous citera ses noms d'hommes avec autant d'assurance
et aussi peu de raison que vous avez cité les vôtres. La
question personnelle est le grand pivot sur lequel tournent
la plupart des conversations politiques; placez ailleurs votre point d'appui, on vous laissera seul et l'on se moquera
de vous.

La chambre des députés, étant l'expression du pays, doit

marcher sur les mêmes erremens ; c'est ce que prouve l'expérience des quarante dernières années. La principale affaire de nos assemblées législatives a toujours été la question des personnes : renverser les dépositaires du pouvoir pour se mettre à leur place , voilà ce qui a provoqué les attaques les plus véhémentes et les plus opiniâtres apologies. Si l'on prenait le soin de compulser le *Moniteur* depuis 89 , on verrait que les deux tiers des séances ont été remplis par des débats personnels, ou du moins par des discussions dont l'intérêt personnel était le premier moteur. Il ne faut en excepter que les corps législatifs sous Bonaparte, parce qu'il y avait à cette époque un personnage assez grand et assez fort pour absorber tous les autres. Depuis la révolution de juillet, le personnalisme a repris le haut rang qu'il occupait sous le directoire ; il domine les deux côtés de la chambre ; il s'impose à tous les orateurs comme la condition essentielle du bonheur public, et l'on aurait peine à citer un discours de quelque étendue où il ne soit pas entré.

En un mot, ministres, députés, électeurs, journalistes, gouvernans et gouvernés, gens parvenus ou à parvenir, hommes du juste milieu, membres de l'opposition et légitimistes, tous, sauf un bien petit nombre d'exceptions, prétendent que la prospérité nationale dépend essentiellement des hommes chargés du pouvoir. Maintenez-nous , et vous serez heureux ; changez-les, et vous serez florissans : qu'est-ce qu'il y a de plus dans la masse des opinions du pays ?

Pour avoir une image sensible de cette manie du personnalisme, qu'on se figure un certain nombre d'individus habiles et beaux parleurs. Chacun d'eux monte sur une borne, attroupe les passans , et leur dit avec une imperturbable gravité : Tout va mal , mes amis ; au-dedans des troubles , de la honte au-dehors. Votre commerce languit , vos arts dépérissent , vos taxes augmentent , votre misère devient chaque jour plus insupportable. Pourquoi cela ? Eh ! ne le voyez-vous point ? C'est parce que vous avez pour ministres des hommes du juste-milieu.—Que dites-vous là? crie aussitôt le voisin ; ne sont-ce pas les hommes de l'opposition qui empêchent la France de prospérer? — A d'autres, réplique un troisième ; ne savez-vous pas que c'est l'absence de la dynastie légitime qui fait le malheur de la nation? Alors ils se mettent tous ensemble à déblatérer à peu près dans les mêmes termes : Prenez, mes amis, prenez pour vos chefs les personnes que je vous indique ; avec de pareils hommes, vos querelles s'apaiseront, vos troubles cesseront, vos inquiétudes finiront, votre commerce renaîtra, vos arts se hâteront de refleurir, vos taxes seront diminuées et vos libertés agrandies ; vous deviendrez plus heureux qu'en aucun autre temps ; vous posséderez, en outre, des lumières, des mœurs, des vertus, de la gloire ; vous n'aurez plus rien à désirer, parce que vous aurez tout obtenu. Le peuple, entendant ces belles choses, commence à dialoguer comme dans les tragédies de Shakspeare. Les uns prennent parti pour les hommes du juste-milieu ; d'autres, pour les hommes de l'opposition ; d'autres encore, pour un enfant de douze ans. C'est bientôt un bruit à ne plus s'entendre. Quelquefois ils en viennent aux coups, espérant qu'ils s'entendront mieux après ; mais cet expédient ne leur réussit pas. Ils choisissent enfin des mandataires pour s'expliquer ; mais ces mandataires, qui représentent des passions et des haines, se disputent, se renversent les uns sur les autres, et n'expliquent rien.

Sur ces entrefaites, arrive un inconnu qui n'est pas beau parleur. Il essaie pourtant d'élever la voix. Chers amis, dit-il, les personnes qui vous gouvernent sont la moindre cause de vos souffrances. Vous changeriez vingt fois de ministère et même de dynastie, les choses n'en iraient guère mieux ; peut-être n'en iraient-elles que plus mal. Voulez-vous connaître ce qui reproduit, sous tous les gouvernemens, vos divisions, vos troubles, votre état de malaise, vos crises commerciales et politiques? Ne regardez pas audessus de vous, mais en vous-mêmes ; n'accusez pas ceux qui vous gouvernent, mais vos passions que vous ne savez point gouverner. Si vous aviez des habitudes de soumission, d'ordre et d'économie, des principes fondés sur une bonne et sage conscience, des lumières solides ; si vous étiez guidés par l'amour social, au lieu de l'être par l'égoïsme de famille ou d'individu ; si vous pouviez acquérir des croyances religieuses..... Mais au mot de *religion* chacun s'en va, ne voulant plus rien entendre ; quelques niais seulement restent pour vociférer les injures qu'ils ont lues quelque part : Eh ! prétend-il nous remettre sous le joug du jésuitisme ? N'est-ce pas fini avec la camarilla ? Avons-nous élevé des barricades et pris le Louvre d'assaut pour conserver les vieilleries des Frères Ignorantins ?

Soit : il ne faut qu'un peu de mémoire et beaucoup d'ineptie, qualités qui vont souvent ensemble, pour débiter ces pauvretés-là. Mais, en attendant, les partis s'agitent, les inimitiés deviennent plus profondes, les arts se traînent dans la boue, l'industrie souffre, la plaie du paupérisme s'étend avec une effrayante rapidité, et les plus hideuses factions se promettent un lendemain. Le personnalisme qui concentre toute l'attention ne nous guérira pas ; au contraire, il fera rejeter le véritable remède, en offrant un remède illusoire ; et la France, ne cherchant de garantie contre les passions des hommes que dans les passions d'autres hommes, tournera perpétuellement dans un cercle vicieux.

Vous ne comprenez pas la question, dira peut-être quelque publiciste qui prend son égoïsme pour de la profondeur ; nous n'attachons tant de valeur aux hommes que parce qu'ils représentent des principes. Les principes, voilà l'essentiel ; l'importance des individus est proportionnée, dans notre système politique, à leurs moyens de les réaliser.

Il n'est pas encore nécessaire d'examiner ce que valent les principes de droit lorsqu'ils ne sont pas appuyés sur les lumières et sur les mœurs ; nous y viendrons plus bas. Mais il se trouve ici une difficulté dont je propose la solution à ceux qui croient établir un principe en élevant au pouvoir l'homme qui le représente : c'est que jamais, dans aucun parti, depuis notre première révolution, aucun homme, parvenu au ministère ou même sur le trône, n'a pu réaliser d'une manière durable le principe dont il était le représentant. Cette assertion semblera paradoxale; elle n'est que rigoureusement vraie. Necker et Mounier représentaient le principe de la constitution anglaise; parvenus au pouvoir, ils ne purent le réaliser. Les Girondins représentaient le principe du gouvernement républicain fondé sur l'ordre légal; parvenus au pouvoir, ils ne purent le réaliser. Robespierre et les Montagnards représentaient le principe d'une constitution démocratique; parvenus au pouvoir, ils ne purent le réaliser : leur constitution fut suspendue avant d'être mise en vigueur. Le Directoire représentait le principe de la fusion des partis par le moyen d'une constitution qui satisferait aux légitimes exigences de tous; il ne put le réaliser : les haines des partis s'envenimèrent sous le Directoire au lieu de s'assoupir. Sous la restauration, M. Decazes représentait le principe d'un moyen-terme entre la droite et la gauche; il ne put le réaliser. M. de Villèle représentait le principe des anciennes institutions françaises; il ne put le réaliser. M. de Polignac représentait le principe de l'omnipotence royale; il ne put le réaliser. Depuis la révolution de juillet, M. Guizot a représenté le principe de la quasi-légitimité, telle que les Anglais l'avaient comprise en 1688; M. Laffitte a représenté le principe de l'alliance du trône avec la gauche; M. Casimir Périer a représenté le principe de l'ordre public : qu'on nous apprenne s'ils ont pu faire prévaloir les principes dont ils étaient les représentans !

Et ce que nous disons des hommes devenus ministres, il faut le dire aussi des hommes devenus rois. Bonaparte, Louis XVIII et Charles X ont-ils établi d'une manière solide les principes qu'ils s'étaient chargés de réaliser ? Et le gouvernement du 7 août a-t-il pu accomplir jusqu'à présent son principe fondamental : Liberté, ordre public? Quelle liberté dans les départemens où l'on a cru devoir suspendre les droits des citoyens, même leurs droits civils! Quel ordre public avec ces émeutes qui semblent se renouveler périodiquement sur tous les points de la France!

Non-seulement les hommes-ministres et les hommes-rois, mais les assemblées législatives elles-mêmes ont été incapables de réaliser les principes qu'elles avaient mission de représenter. Je le prouverais de toutes les assemblées sans exception, depuis la Constituante jusqu'à la Chambre actuelle, si je ne craignais d'entrer dans de trop longs détails. Les lecteurs qui connaissent notre histoire sauront y suppléer.

Aujourd'hui enfin les hommes que les partis mettent en avant pourraient-ils réaliser les principes qu'ils représentent? Pense-t-on de bonne foi que **M.** Odilon-Barrot, s'il devenait ministre, parviendrait à réaliser le principe de la royauté républicaine? Pense-t-on que si les prétendus amis du peuple s'emparaient des rênes du gouvernement, ils réaliseraient le principe de la constitution des Etats-Unis? Croit-on que si Henri **V** montait sur le trône de France, il réaliserait le principe de ce que la *Gazette* nomme l'ancienne constitution française? Quelle pitié! quelle dérision!

Hommes de parti, vous vous glorifiez d'avoir des principes, mais vous n'écoutez au fond que des intérêts, non pas des intérêts généraux, mais vos intérêts particuliers, vos prétentions individuelles, vos passions de coterie! Vous prenez le plus fort d'entre vous, et vous dites : Voilà mon principe! Mais le mensonge est grossier. Cet homme n'est pas pour vous un principe; c'est un moyen d'ambition, un instrument pour vous élever vous-mêmes avec lui. Vous prétendez que les personnes qui gouvernent sont la première condition de la prospérité nationale; mais les habiles parmi vous ne le croient pas. Ils savent bien qu'il y a des conditions infiniment supérieures aux personnes, des conditions sans lesquelles les personnes ne peuvent rien et ne sont rien. Ils savent que, dans tous les temps, le bonheur d'un peuple a dépendu de ses mœurs, de ses lumières, de son industrie, beaucoup plus que des hommes qui avaient été choisis pour le gouverner. Que peuvent, en effet, les meilleurs chefs, les intentions les plus pures contre les excès d'un peuple immoral ou abruti par l'ignorance? Lorsque la république d'Athènes ne renfermait plus que des âmes vénales et des cœurs efféminés, le grand caractère de Phocion a-t-il pu la sauver de sa ruine? Lorsque l'empire romain fut rempli de cette pourriture infecte qu'il avait ramassée dans le monde entier, on vit un miracle inouï, cinq empereurs distingués par leurs vertus, Nerva, Trajan, Adrien, Antonin, Marc-Aurèle, monter successivement sur le trône, pendant l'espace d'un siècle, et ce miracle ne put arracher Rome aux débordemens de ses vices ni aux abominables saturnales de ses factions; il fallut le Christianisme pour la retremper par de nouvelles mœurs. Rendez à la France un ministre comme Sully, comme Malesherbes; donnez-lui des citoyens tels que Franklin et Washington : que pourraient-ils faire au milieu de ces intrigues, de ces coalitions égoïstes, de cette avidité de places et d'argent, de ces lâches calomnies, de ces haines ardentes, de ce déchaînement des plus viles passions, qui ne cesseraient d'opposer d'insurmontables obstacles à leurs généreux efforts? Ils iraient bientôt s'ensevelir dans la retraite, sinon dans la tombe, navrés de leur impuissance à faire le bien, et priant Dieu de cicatriser les plaies de leur patrie.

S'il ne s'agissait que d'une poignée d'ambitieux et d'intrigans, leur esprit de personnalisme n'aurait qu'une médiocre importance; mais les ambitieux égarent ceux qui ne le sont pas. La France est peuplée de paisibles marchands, d'honnêtes bourgeois, de braves gens de campagne, qui se passionnent pour des noms propres, à la suite de quelques journalistes, et qui s'attaquent aux hommes, lorsqu'ils ne devraient s'en prendre qu'aux choses. Si leurs affaires ne vont point, s'il y a des faillites, s'il vient une peste, si des gens ivres cassent des réverbères, que sais-je? si quelques brigands dévalisent des voyageurs dans la Vendée, toute la faute en est jetée sur les personnes qui gouvernent, et rien de semblable n'arriverait, à les entendre, si d'autres personnes étaient mises à leur place. On pourrait comparer les ministres qui se succèdent, les rois mêmes, à ces victimes qui, dans les anciens sacrifices, étaient chargées de toutes les iniquités d'une nation.

C'est ce qui explique la grande illusion de juillet et le mécompte qui s'en est suivi. On avait tant de fois dit et redit que les dépositaires du pouvoir étaient la principale cause de toutes les misères de la France, qu'en les voyant abattus, chacun s'imagina qu'il entrait dans une nouvelle ère de fortune et de prospérité. Parce qu'un vieux roi s'en allait sur la terre d'exil, et qu'une demi-douzaine de prêtres, retournant dans leurs diocèses, ne formaient plus la camarilla du château; parce que des hommes de la gauche remplaçaient des hommes de la droite dans les hautes fonctions du ministère, dans les préfectures et dans les principaux emplois de finances; parce qu'enfin les jésuites étaient décidément chassés du pays, on se persuada que tous les sujets de plainte disparaîtraient comme par enchantement, et qu'il n'y avait plus qu'à vouloir être heureux pour le devenir. Si l'on eût appris à la nation que le bonheur public dépend avant tout de ses lumières, de ses mœurs, de sa probité, de ses principes, et que les personnes qui gouvernent n'y contribuent que pour la moindre part, la révolution de juillet n'aurait pas enivré d'espérances deux ou trois millions d'industriels, d'artisans et d'ouvriers. On aurait senti que les noms-propres seuls étant changés, il fallait s'attendre à peu de chose; et que, d'un autre côté, les passions étant déchaînées, il fallait craindre beaucoup. Mais comment veut-on qu'il raisonne et juge de cette manière, un peuple auquel on a fait envisager le personnalisme comme la plus haute question de l'ordre social, un peuple que l'on a hébété pendant quinze ans par de sottes querelles où l'égoïsme était partout, mais la vérité, mais la sagesse, mais le bon sens nulle part ?

Au reste, les mêmes hommes qui avaient trompé la France ont reçu mission de la détromper ; ceux qui avaient tant promis que leur entrée au pouvoir changerait la face des choses semblent n'y être montés que pour se démentir. Vainement l'opposition cherche à rejeter sur d'autres les vraies conséquences de la révolution de juillet, en disant que l'on n'a pas employé ses chefs : le fait est faux. MM. Lafayette, Dupont-de-l'Eure, Laffitte, Benjamin-Constant, Odilon-Barrot, Bernard de Rennes, Comte, les principaux membres de l'opposition ont été appelés au pouvoir dès les premiers jours du nouveau gouvernement. Qu'est-ce donc qu'ils ont fait pour la prospérité du pays? quels troubles ont-ils empêchés de naître? quelle émeute ont-ils retenue dans sa tanière? Le commerce a-t-il fleuri sous leur administration? les beaux-arts ont-ils pris un nouvel essor? la confiance publique s'est-elle ralliée autour d'eux? la gloire de la nation s'est-elle agrandie? les libertés mêmes ont-elles obtenu quelque développement? O Providence, tu es juste dans tes souveraines dispensations. Tu les as forcés de se condamner par leurs propres œuvres, ces hommes qui disaient à la France qu'elle serait heureuse dès qu'ils dirigeraient les affaires publiques. Tu les as mis sur le faîte pour servir de leçon aux peuples qui placent leurs espérances dans les individus, au lieu de s'appuyer sur les lumières et sur les bonnes mœurs. Tu nous as dit, en nous montrant ces personnages au sommet de l'État : Voyez ce que peuvent les forces humaines, quand elles n'ont point de principes supérieurs pour les conduire, point de vertus pour les seconder (1)!

(1) L'opposition dira que ses chefs ne possédaient alors qu'un pouvoir

Malheureusement cette grande leçon n'a pas été comprise. Après que les personnes ont manifesté leur complète impuissance à créer le bonheur national, le personnalisme est encore triomphant. Le peuple s'y rattache encore comme à l'ancre de salut; il s'obstine à ne rien voir au-dessus d'un changement de ministère ou de dynastie. Il ne veut pas apprendre que les plus grands hommes deviennent petits, les meilleurs mauvais, les plus forts infirmes, les plus habiles insuffisans, lorsqu'ils se trouvent en présence d'une multitude égoïste, passionnée, déchirée en factions, avide de choses nouvelles, sans lumières sur ses véritables intérêts, sans idées religieuses. Eh! bien, d'autres leçons lui seront données; nous en avons pour garant l'éternelle Providence de Dieu.

Quand les deux conditions essentielles de prospérité, les mœurs et les lumières sont absentes, il n'y a pas de bons rois ni de bons ministres. L'inverse est également vrai : quand ces deux conditions existent, il n'y a pas de mauvais rois ni de mauvais ministres. Cela s'explique facilement. Les meilleures intentions n'ont qu'une influence presque nulle dans le premier cas, parce que les vices et l'ignorance du peuple leur opposent d'invincibles barrières; les pires intentions n'ont aussi qu'une influence presque nulle dans le second cas, parce qu'un peuple moral et éclairé les retient dans des limites qu'elles ne peuvent franchir. Sparte n'eut pas de mauvais rois tant qu'elle conserva ses vertus patriotiques. Rome n'eut pas de mauvais consuls, tant qu'elle fut sobre,

nominal, mais point d'autorité *réelle,* parce qu'ils étaient environnés de passions et d'intrigues qui les arrêtaient dans le développement de leurs vues bienfaisantes. Cette remarque est juste, mais elle ne sert qu'à confirmer la nôtre; car ce sont les passions et les intrigues mêmes dont l'opposition se plaint qui nous montrent combien les hommes qui gouvernent sont incapables de faire le bonheur de la France. Les chefs de l'opposition espéreraient-ils de pouvoir gouverner un jour le pays, sans trouver de passions ni d'intrigues autour d'eux?

chaste et laborieuse. L'Angleterre n'a pas eu de mauvais rois depuis que son éducation constitutionnelle a pris de fortes racines. Les États-Unis n'ont pas eu de mauvais présidens depuis la déclaration d'indépendance. Une feuille distinguée de l'opposition examinait récemment pourquoi il ne s'est pas trouvé, dans les quarante dernières années, un seul chef du gouvernement en France qui ne soit tombé sous le poids de *l'exécration universelle* (ce sont ses expressions,) tandis qu'on ne citerait pas en Amérique un seul président qui ne soit rentré dans la vie privée avec l'estime de ses concitoyens. Le journaliste prétend que cette différence tient surtout à ce que les présidens n'exercent qu'une charge temporaire dont la durée est connue. Pauvre *National !* il n'a pas même pu imaginer avec tout son esprit un sophisme spécieux. La cause de cette différence est très-simple : c'est qu'en France les bons chefs paraissent devenir mauvais, au lieu qu'en Amérique les mauvais chefs sont forcés d'être bons, parce que les conditions essentielles de prospérité, qui n'existent que très-imparfaitement dans l'un de ces pays, règnent dans l'autre. En France, beaucoup d'intérêts et de passions avec peu de lumières et de bonnes mœurs ; en Amérique, beaucoup de lumières et de bonnes mœurs avec peu de passions et d'intérêts mal entendus ; voilà le mot de l'énigme.

Résumons en quelques lignes tout ce qu'on a lu jusqu'ici : Les hommes de tous les partis regardent les personnes qui gouvernent comme la PREMIÈRE CONDITION du bonheur public : là est l'erreur fondamentale qui a trompé la France dans la révolution de juillet. Les personnes, bien loin d'être la première condition de ce bonheur, n'en sont dans la réalité que la DERNIÈRE CONDITION.

LETTRE IV.

Les formes de gouvernement (1).

Une deuxième erreur que nous devons signaler, c'est l'importance beaucoup trop considérable que les partis politiques attribuent aux *formes de gouvernement*. Après les hommes, ils supposent que les lois sont le principal moyen de donner à la nation le bonheur qui lui manque. Faites de bonnes lois, disent-ils, établissez des institutions libres ; que ces lois et ces institutions soient fidèlement observées ; et tout renaîtra, tout prospérera dans le pays.

Cette promesse, quand on l'examine sérieusement, ne se fonde sur aucune base solide ; ce n'est qu'un vain leurre dont on amuse les gens simples. Nos écrivains politiques oublient toujours, ou peut-être ont-ils seulement l'air d'oublier que les mœurs et l'éducation sont infiniment plus essentielles que les lois et les formes. Ils se refusent à comprendre qu'il ne peut pas y avoir de bonnes institutions avec de mauvaises mœurs, ni de sages lois avec des esprits mal éclairés. Ils veulent produire un peuple moral et instruit par l'excellence des formes de gouvernement ; et nous, au con-

(1) Il n'y a que les républicains aujourd'hui qui placent les formes de gouvernement au-dessus des personnes, par la raison qu'ils sont encore trop loin du pouvoir pour espérer d'y atteindre. Mais les républicains ne sont pas un parti ; ils ne forment en France qu'une faction. Il est donc juste d'établir, comme nous l'avons fait, que tous nos grands partis politiques placent, dans la série des conditions de prospérité nationale, les personnes d'abord, ensuite les formes de gouvernement.

tuaire, nous pensons que ces formes de gouvernement résultent de l'instruction et de la moralité du peuple. Ce qu'ils regardent comme cause, nous le regardons comme effet ; et là où ils voient un effet, nous y trouvons une cause. Nouvelle et profonde ligne de démarcation entre les partis politiques et nous.

L'auteur de *l'Esprit des Lois* consacre plusieurs chapitres à prouver que les institutions doivent être mises en rapport avec les mœurs. Il loue le mot de Solon : J'ai donné aux Athéniens les meilleures lois qu'ils pouvaient souffrir. Il rappelle également la législation de Moïse, à laquelle, dit Montesquieu, la sagesse divine n'avait donné qu'une bonté relative (Livre xiv, chapitre 21). L'auteur d'*Emile* pose et développe les mêmes idées : « Plus j'examine l'ouvrage des hommes dans leurs institutions, dit-il, plus je vois qu'à force de vouloir être indépendans, ils se font esclaves... La liberté n'est dans aucune forme de gouvernement ; elle est dans le cœur de l'homme libre ; il la porte avec lui ; l'homme vil porte partout la servitude. » (*Emile*, Livre v.)

Ces principes sont les nôtres. Nous ne contestons pas la valeur des formes de gouvernement, pourvu qu'on les place dans une sphère subordonnée. Nous admettons que de bonnes lois influent puissamment sur la prospérité d'un peuple, qu'elles développent son industrie, augmentent ses moyens de travail, facilitent ses progrès en toutes choses, et qu'elles accroissent ainsi la somme de son bien-être moral et matériel. Nous admettons encore que de mauvaises lois contribuent à rendre un peuple malheureux, en lui imposant des restrictions et des entraves, des craintes et des fardeaux qui l'empêchent d'acquérir aucun genre de perfectionnement. Nous croyons qu'il importe beaucoup de vivre à Constantinople ou à Philadelphie, et qu'il est fort différent de posséder notre Charte constitutionnelle ou d'être gouverné sous le bon plaisir d'un despote. Telle est la part que nous accordons volontiers aux institutions politiques.

Mais tout homme éclairé, qui ne veut pas se mentir à soi-même, doit reconnaître aussi avec nous que les meilleures lois ne sauraient avoir une salutaire influence qu'autant qu'elles sont précédées et accompagnées par les bonnes mœurs ; il doit avouer qu'il ne sufît pas de mettre la liberté dans les institutions pour faire un peuple libre, et que telle nation serait plus heureuse, plus florissante sous le despotisme du grand-visir que telle autre sous les sages lois des Etats-Unis.

Rassemblez les plus grands publicistes des temps modernes, et demandez-leur la constitution la plus parfaite qu'il soit possible à l'esprit humain de rédiger. Puis donnez cette constitution à un peuple ignorant et démoralisé comme celui de l'Amérique du Sud. Que fera-t-il de vos lois ? Quelle prospérité pourra-t-il en attendre ? L'équilibre des pouvoirs sera foulé aux pieds des passions ; les principes de liberté deviendront des moyens de licence ; les droits politiques seront vendus à des factieux ; chacun voudra emporter un lambeau de l'ordre social ; tout y sera fort, excepté les lois que vous aurez vainement écrites sur le papier. Faites une supposition précisément contraire. Donnez à un peuple moral et éclairé la plus détestable de toutes les constitutions, ou, si vous l'aimez mieux, que ce peuple n'ait point de constitution. Ses mœurs seront pour lui des lois plus puissantes que toutes les formes politiques ; ses principes et l'énergie de son caractère opposeront une digue infranchissable aux attentats du despotisme ; son éducation suppléera aux vices de ses institutions ; il sera sa charte à lui-même, et il contraindra bientôt son maître à l'observer.

Mais pourquoi des hypothèses ? Toute l'histoire est là pour nous servir de témoignage. Athènes avait des lois plus démocratiques du temps d'Alcibiade qu'au siècle d'Aristide, mais elle était plus immorale ; et ses lois, bien loin de servir à sa prospérité, ne faisaient que la plonger plus avant dans le gouffre de sa ruine. Rome, sous Marius, était plus libre par ses institutions que sous les premiers consuls, mais elle était plus esclave par ses mœurs. Ces deux républiques, long-temps florissantes sous des lois imparfaites, devinrent misérables sous des lois savamment perfectionnées. Si l'on interroge des époques plus rapprochées de nous, la race bretonne fut le premier peuple libre en Europe, non pas tant à cause de sa constitution, informe ramas de vieilles lois et de coutumes anglo-normandes, qu'à cause de son caractère et de ses mœurs. La Suisse, la Hollande, les Etats-Unis devinrent libres et forts, parce qu'ils avaient des vertus. La France en 93, avec des législations qui remontaient jusqu'aux lois de Minos, avec des lois libérales jusqu'à la démagogie, fut lâchement esclave, et se baigna dans le sang de ses meilleurs citoyens. Sa liberté n'était que servitude, sa fraternité que fureur atroce, ses institutions républicaines que hideuse anarchie ; elle avait espéré d'obtenir le bonheur par ses lois ; elle ne trouva que le malheur par ses vices. De nos jours, le Brésil, le Mexique et la Colombie offrent le même spectacle, et par les mêmes causes. Hommes d'état, hommes de parti, que prétendez-vous faire avec vos interminables discussions sur les formes de gouvernement ? Eclairez la France, donnez-lui des mœurs, et vos lois seront assez bonnes ; laissez la France plongée dans l'égoïsme et dans les fausses lumières, et vos lois seront toujours mauvaises, quelque soin que vous preniez de les perfectionner !

Ces réflexions nous découvrent la deuxième source des illusions et des mécomptes de juillet. Pendant les quinze années de la restauration, les hommes de la gauche, n'ayant que peu de chances d'arriver au pouvoir, écrivaient et agissaient comme font maintenant les républicains. Ils parlaient beaucoup des formes de gouvernement ; ils s'occupaient sans cesse de lois à faire, d'institutions à réformer ; ils réclamaient les conséquences de la Charte dans les mêmes termes que l'école américaine réclame aujourd'hui les conséquences des trois journées ; ils promettaient enfin à la France le même bonheur que lui promettent chaque matin les feuilles de la république. Il n'y a dans tout cela qu'un mot de changé : l'ancienne gauche prenait son point d'appui dans le pacte constitutionnel ; les républicains prennent le leur dans un mystérieux programme. Mais c'était alors, comme à présent, une œuvre d'habileté pour les chefs, et de duperie pour le commun des lecteurs.

On n'a pas oublié quelle était la polémique des journaux de l'opposition sous les deux règnes de la branche aînée. D'où venaient, à leur avis, les agitations intérieures, les conspirations, les inimitiés, le malaise des affaires, et cette *inquiétude vague, mais réelle*, dont Louis XVIII parlait dans un discours d'ouverture ? Tous ces griefs avaient leur source dans les hommes du pouvoir et dans les mauvaises formes de gouvernement. Et que fallait-il pour que la France devînt parfaitement heureuse, tranquille, prospère, glorieuse, morale, éclairée et tout le reste ? Il fallait observer fidèlement la Charte et en développer toutes les conséquences ; il fallait une loi qui appliquât le jury aux délits politiques, une loi sur la responsabilité des ministres, une loi sur l'organisation de la garde nationale, une loi plus large sur la liberté de la presse, une loi sur la liberté d'enseignement, une loi départementale et municipale, une loi des élections qui abolît le double vote, etc. Moyennant toutes ces lois, bien entendu pourtant qu'elles seraient exécutées par les hommes de la gauche, la France ne manquerait pas d'être le pays le plus florissant et le plus heureux du monde.

Or, quand la révolution de juillet arriva, le peuple se mit à raisonner à peu près ainsi : Nous étions assez mal sous la restauration ; nos querelles devenaient chaque jour plus vives, nos affaires politiques suivaient une fausse direction, notre activité commerciale se ralentissait, nous étions continuellement à la veille d'une crise terrible, parce que nous n'avions pas de chefs consciencieux ni de bonnes lois, parce que la Charte et ses conséquences n'étaient pas religieusement accomplies. Maintenant que la révolution est faite, la Charte sera une vérité ; on abolira les mauvaises lois, on nous en donnera d'excellentes ; et comme ces lois seront exécutées par des hommes intègres, qui ne chercheront pas à éluder dans la pratique ce qu'ils auront admis en théorie, il est clair que nous allons être exempts de tout malaise, de toute inquiétude, de toute crainte sur nos destinées, et qu'il ne nous restera plus qu'à jouir en paix du bonheur que de braves citoyens nous ont acquis au prix de leur sang.

Malheureux peuple, comme on t'avait trompé ! que ton illusion était grande ! et combien les événemens allaient se hâter de te la rendre amère ! Je ne t'accuse point cependant d'avoir eu de si hautes espérances ; quel peuple, dans la même position, entouré des mêmes prestiges, n'aurait pas espéré comme toi et autant que toi ? Les députés, les pairs, les ministres, le lieutenant-général, tous te promettaient un glorieux avenir. Ils te disaient dans leurs discours et leurs proclamations que tu rentrais en possession de l'ordre et de la liberté, qu'il n'y avait plus de crainte pour les droits acquis, plus de barrière entre la France et les droits qui lui manquaient encore (1). Ils t'annonçaient qu'elle serait libre et heureuse, cette France qui leur est si chère (2). Ils te répétaient que les sages modifications faites à la charte garantissaient la sécurité de l'avenir, et que la France serait heureuse au dedans, respectée au dehors (3). Ils te montraient des siècles de bonheur et de gloire avec tes nouvelles institutions (4). Ils prophétisaient que la paix au dedans et au dehors, l'ordre public, le libre développement des facultés et des industries devaient être le prix de la victoire (5).

(1) Proclamation des députés au 31 juillet. (2) Discours du lieutenant-général, dans la séance du 3 août. (3) Deuxième discours, dans la séance du 9 août. (4) Proclamation contresignée par M. Dupont de l'Eure. (5) Adresse de la chambre des pairs au roi.

Peuple, tu en as cru tes maîtres ; l'expérience t'a condamné ; mais les hommes doivent t'absoudre.

Que cette expérience du moins ne soit pas perdue ! Nous pouvons tous reconnaître, après les deux ans qui viennent de s'écouler , ce que valent les formes de gouvernement pour le bonheur public. Plusieurs des lois que l'on réclamait avec tant d'instances ont été données. En sommes-nous plus heureux, plus assurés de notre avenir ? Loin, bien loin de là. Les passions se sont emparé de ces lois pour en faire des instrumens de licence et de désordre, pour les torturer au profit de l'égoïsme et de la vanité. Ce qui devait nous rendre plus paisibles nous a remplis d'agitations ; ce qui devait nous inspirer plus de confiance dans notre marche politique, nous a faits craintifs jusqu'à la peur et défians jusqu'à ne compter que d'un jour à l'autre ; ce que l'on destinait à produire au milieu de nous une prospérité inconnue, ne nous a donné qu'une misère dont on n'avait plus d'exemple depuis les deux invasions.

Hommes de tous les partis politiques , vous dites qu'il faut commencer par les formes de gouvernement ; non : c'est par les formes de gouvernement qu'il faut finir. Vous dites que c'est par les mœurs qu'il faut finir ; non : c'est par les mœurs qu'il faut commencer. La prospérité d'un peuple ne se laisse pas inscrire dans une charte ; elle ne répond qu'à l'appel des citoyens vertueux.

LETTRE V.

L'industrie.

On a vu, dans mes précédentes lettres, quelles sont les deux grandes causes du mécompte national de juillet. Les partis politiques regardent les personnes qui gouvernent et les formes de gouvernement comme les conditions essentielles de la prospérité du pays. La révolution de 1830 ayant changé les personnes et modifié les formes, ils devaient naturellement s'attendre à jouir d'un bonheur inconnu jusqu'alors. Mais comme leur opinion était fondée sur des vues égoïstes, au lieu de l'être sur la nature des choses, l'expérience les a condamnés. Avec plus de bonne foi dans leurs théories, et surtout avec plus de désintéressement dans leurs actes, ils n'auraient pas eu besoin de si tristes épreuves : un esprit éclairé, un cœur droit eussent suffi pour leur apprendre qu'un peuple est heureux par la culture de son intelligence bien plus que par le mérite des hommes qui le gouvernent, et que sa prospérité dépend moins de ses lois que de ses vertus.

Pour continuer l'examen des illusions de juillet, nous allons parler d'une troisième condition de bonheur public : l'industrie.

Nous prenons le mot *industrie* dans son acception la plus étendue. Le sens qu'on lui donne ici comprend tous les élémens de travail, tous les genres d'activité, tous les moyens de fortune matérielle. L'agriculture, la fabrication, le négoce, la vente des produits du sol et des objets manufacturés sont donc renfermés dans le terme générique d'industrie.

Cette condition de prospérité figure en troisième ligne sur notre tableau comme sur celui des partis politiques ; mais on commettrait une grave erreur si l'on déduisait de cette ressemblance de nombre un rapport de vues entre ces partis et nous. Il faut se souvenir que nous plaçons l'industrie après les mœurs et les lumières, tandis que les hommes de parti les placent avant ces deux conditions. Il faut se souvenir encore que nous élevons l'industrie au-dessus des personnes et des formes, tandis qu'elle leur est subordonnée dans les systèmes politiques actuels. Il suit de là que, tout en nous accordant à poser l'industrie au troisième rang, nous avons un point de départ et un but complétement opposés.

Avant d'examiner la classification des hommes de parti, justifions, en quelques mots, notre propre classification.

Que les mœurs doivent l'emporter sur l'industrie, c'est un fait qui ne sera contesté par aucun de ceux qui savent en quoi consiste le vrai bonheur national. Assurément des vertus valent mieux pour un peuple que des richesses ; il sera bien plus heureux avec ses habitudes morales, fût-il pauvre et sans industrie, qu'il ne pourrait l'être avec une grande fortune matérielle sans moralité. Dans la première hypothèse, le peuple aura des hommes et des citoyens ; dans l'autre, il n'aura que des riches et des intrigans. Pour ma part, j'eusse préféré vivre, au moyen-âge, parmi les pâtres indigens du Grütli, que de respirer l'air empoisonné de l'opulente Venise. Sur les chalets de l'Unterwald j'aurais trouvé peu d'industrie, peu de richesses, mais des mœurs, mais du patriotisme, et partant des cœurs paisibles et heureux ; sous les portiques de marbre des commerçans vénitiens, j'aurais vu beaucoup d'industrie, beaucoup d'or, des fortunes immenses, mais des cœurs inquiets et dévorés d'ambition. Les petites peuplades républicaines de la Suisse

possédaient dans leur indigence même une garantie de prospérité, parce qu'il n'y a guère de citoyens factieux et tur-
bulens dans un pays pauvre; les républiques italiennes, au
contraire, avaient une cause perpétuelle de troubles dans
les richesses de leurs grandes familles.

Je ne connais pas de société plus misérable que celle qui
renferme un peuple riche et démoralisé. Les vices y augmentent dans une proportion plus forte encore que la fortune, et les besoins que fait naître la corruption y surpassent
toujours les moyens de les satisfaire. La plus active industrie ne comble pas l'abîme; elle ne fait que le rendre sans
cesse plus profond, jusqu'à ce que l'Etat lui-même y soit
englouti. L'histoire nous en offrirait de nombreux exemples, et nous en trouverions un de plus dans l'avenir pro-
bable de notre pays, si nous avions le temps de nous y
arrêter.

D'ailleurs, lorsqu'on attache une si haute importance aux
progrès de l'industrie et si peu d'attention aux progrès des
mœurs, on ne réfléchit pas que les mœurs sont le moyen le plus
puissant de faire fleurir l'industrie. Toutes les autres choses
égales, un peuple économe, sobre, prévoyant, sérieux, de-
vancera bientôt de fort loin dans sa marche industrielle un
peuple dépensier, intempérant et d'un caractère léger. Les
hommes les plus industrieux de nos jours sont les Quakers,
les Moraves et les chrétiens d'Ecosse. Il y a, de plus, cette
grande différence à placer l'industrie avant ou après les
mœurs, que les bonnes mœurs produisent l'industrie, au
lieu que l'industrie toute seule produit les mauvaises mœurs.
La question est donc jugée pour nous : elle ne l'est peut-
être pas encore pour les manufacturiers de Lyon et pour
les agioteurs de la Bourse de Paris.

Non seulement nous subordonnons l'industrie aux mœurs,
nous croyons aussi qu'elle doit être subordonnée aux lumières. Imaginez un peuple riche sans éducation : ce sera le
portrait en grand d'un sot parvenu. Il aura des habitudes

grossières, des goûts matériels ; il se montrera tout à la fois vaniteux et brutal ; il traînera sa fortune dans les ruisseaux, ne sachant que faire pour en user. L'ignorance d'un Etat pauvre est un malheur que l'on plaint ; l'ignorance d'un Etat industrieux et opulent serait un objet de risée , sinon de dégoût ; car la fortune sans les lumières engendre tous les vices.

Quelques despotes ont essayé d'abrutir leurs sujets par ce bonheur matériel dépouillé de toute instruction et de toute dignité ; ils engraissent ainsi des hommes comme on engraisse des animaux. C'est le système de l'Autriche. C'était surtout la maxime des jésuites du Paraguay, qui voulaient gouverner les habitans du pays comme de grands enfans, et les enrichir en les faisant travailler à la lisière. Les possesseurs d'esclaves suivent pour leur propre avantage la même ligne de conduite : apprendre aux nègres à devenir industrieux , mais ne leur rien apprendre au-delà. Une telle manière de voir, on le concevra facilement, n'est point la nôtre. Nous plaçons les lumières au-dessus de l'industrie ; et nous devons ajouter , comme pour les mœurs, que l'industrie même ne se développe rapidement que chez des hommes éclairés. L'éducation est un moyen d'industrie, et l'industrie devient à son tour un moyen d'éducation.

Mais s'il faut mettre l'industrie après les mœurs et les lumières , il ne s'ensuit pas qu'il faille également la mettre après les personnes qui gouvernent et les formes de gouvernement. Nous trouvons ici une double erreur dans la classification des partis politiques. Ils commettent d'abord la grande faute d'élever l'industrie au-dessus des lumières et des mœurs ; et en cela ils se rapprochent des idées matérialistes du despotisme et des peuples marchands. Ils ont ensuite le tort d'abaisser l'industrie au-dessous des hommes et des formes politiques. En sorte que , pour le même objet , ils lui accordent à la fois trop de valeur et trop peu : trop de valeur , puisqu'ils placent les mœurs et les lumières après lui; trop peu, puisqu'ils placent les hommes et les formes avant lui. On s'expliquera cette double erreur, en se rappelant quelle haute estime ils ont des hommes et des formes, et dans quel avilissement ils retiennent les lumières et les mœurs.

Lorsque les chefs des partis politiques veulent obtenir les suffrages des industriels, c'est plaisir d'entendre comme ils parlent de l'industrie. Ils sont alors les plus chauds amis du développement de l'activité agricole et commerciale; ils tonnent contre les entraves des lois et contre les vexations du fisc; ils vont abolir, dès les premières séances des Chambres, tout ce qui gêne l'accroissement des deux mamelles de la France; ils ne s'occuperont point des questions de places, fort peu des lois purement politiques, mais beaucoup des douanes, des tarifs, du sel, du tabac, et de tout ce qui regarde l'agriculture et le commerce. Belles paroles, on en doit convenir, véridiques surtout comme une profession de foi d'éligible ou comme un prospectus! A peine les Chambres sont ouvertes, le personnalisme et le libéralisme absorbent toute l'attention; les disputes individuelles se poursuivent à outrance; les théories politiques, au moyen desquelles l'homme parlementaire se fait une réputation d'orateur, consument des sessions entières. Et si quelque député, pour l'acquit de sa conscience, essaie de discourir sur les tarifs, sur les douanes, sur le tabac, on ne l'écoute point; chacun l'interrompt à haute voix ou déserte la Chambre; les jeunes gens qui lisent le lendemain les débats dans un café trouvent que la séance a été fort ennuyeuse, et les deux mamelles de la France deviennent ce qu'elles peuvent.

Faut-il citer d'autres faits? Toute notre histoire contemporaine en est remplie. Les grands amis du peuple, pendant les dix ou douze années de la république, laissaient mourir le peuple de misère et de faim, en ruinant l'industrie par le maximum , par les assignats , par la fermeture des ateliers , par les proscriptions. *Périssent les colonies plutôt qu'un principe!* disait un orateur. Périsse le commerce , périsse l'industrie , périssent les intérêts matériels des classes laborieuses, plutôt qu'un principe! Les formes de gouvernement et les questions de pouvoir au-dessus de tout et avant tout! C'est le fond de la pensée de la plupart des hommes politiques; et pourquoi? parce qu'au fond de leur pensée l'égoïsme est souverain.

Voyez encore sous Bonaparte : le grand principe de l'époque, c'était la gloire, l'esprit de conquête. Les doléances du commerce étaient forcées de se taire devant la nécessité politique du blocus continental, et il s'agissait bien du développement de notre industrie, pourvu que nos phalanges victorieuses plantassent le drapeau tricolore du dôme de l'Escurial à la tour du Kremlin!

Pendant la restauration, l'industrie reçut une certaine impulsion et vit quelques beaux jours. Mais aucun des partis qui divisaient alors la France ne saurait revendiquer l'honneur de cette prospérité industrielle, qui eut pour véritable cause la paix de l'Europe, après les fatigues et l'épuisement d'une longue période de guerre. Cette paix, que l'on pouvait croire solidement assise , n'en offrait que plus de moyens à nos hommes de parti pour s'attacher aux questions politiques de l'intérieur. Et lorsqu'enfin, par des querelles toujours plus ardentes, par des lignes de démarcation toujours plus prononcées , la confiance publique se prit à chanceler et l'activité commerciale à languir, comme on se hâta de saisir cette arme puissante pour en frapper le pouvoir! Les personnes et les formes politiques, vous dis-je encore, voilà l'essentiel! L'industrie se tirera d'affaire ou non : c'est ce qui n'importe que faiblement.

Nouvelle source de mécomptes pour la révolution de juillet. Lorsqu'elle éclata, les industriels y aidèrent de tout le poids de leur influence, et ils mirent leurs ouvriers sur la rue pour les lancer contre les régimens de Charles X; puis, quand elle fut accomplie, ils l'accueillirent avec un joyeux espoir. On les avait leurrés des plus décevantes illusions : d'abord, que les hommes de la gauche estimaient l'industrie par-dessus tout, et qu'ils ne négligeraient aucun moyen de la développer; ensuite, que les ministres de Charles X privaient nos manufactures de débouchés considérables, ne voulant pas reconnaître, par un intérêt purement politique, les Etats de l'Amérique du Sud; en troisième lieu, que la cour, les émigrés et les jésuites mangeaient des millions, ce qui empêchait d'abolir des impôts onéreux pour le commerce et l'agriculture; en quatrième lieu, que le gouvernement des hommes de la gauche serait un gouvernement à très-bon marché; enfin (et ceci n'était pas le moins grave pour des Français), que la gentilhommerie de la restauration méprisait fort le négoce et se moquait des boutiquiers, au lieu que les patriotes avaient pour eux une très-haute considération. Sur tout cela, les industriels s'imaginèrent qu'ils allaient voir des merveilles après la révolution de 1830. Ils en virent effectivement, mais de tout autres que *celles* qu'ils attendaient.

Plusieurs causes peuvent paralyser l'industrie : la violence des discussions parlementaires, les excès de la presse, les émeutes et la perspective d'une guerre générale. Eh ! bien, de ces quatre grandes causes d'inertie industrielle, nos partis politiques ne nous ont fait faute d'aucune. Dans la Chambre, on s'est jeté et rejeté des injures personnelles, depuis deux ans, avec une inexorable persévérance : le cri du commerce qui se mourait n'a pas abrégé d'une heure les attaques de l'opposition ni les apologies du ministère. Au milieu de ces conflits excités par le personnalisme et par des théories vides, les lois d'économie politique ont été ajournées; la seule loi importante qu'on ait rendue, celle des céréales, est sortie de la discussion mutilée par les intérêts des grands propriétaires. La presse a remué chaque matin, comme par gageure, tous les principes fondamentaux de l'ordre politique, et elle n'a rien omis de ce qui pouvait arrêter les opérations industrielles. Chaque province a fourni son contingent d'insurrections, d'émeutes, d'échauffourées ou de charivaris ; et toutes ces folies plus ou moins déplorables, tous ces moyens d'ôter au commerce le peu d'élan qu'il voulait ressaisir, ont trouvé de fervens défenseurs, tantôt dans un parti, tantôt dans un autre. La guerre enfin a été suspendue sur la France ; elle paraît l'être encore, et les craintes qu'on nourrit et qu'on propage empêchent la confiance publique de renaître. Les républicains et d'autres poussent à la guerre, dût l'industrie française y périr, parce qu'ils y voient une porte pour atteindre le pouvoir. O industriels ! agriculteurs, commerçans, pères nourriciers du pays ! ne comprenez-vous pas que les principaux membres des partis politiques, ministres, députés, publicistes, rédacteurs de journaux, placent les personnes et les formes de gouvernement avant vous ? qu'ils s'occupent de leurs intérêts d'ambition et de vanité plus que des vôtres, et qu'ils s'embarrassent médiocrement de faire fleurir l'industrie, pourvu que leur éloquence brille et que leurs prétentions soient réalisées ?

Quant au gouvernement à bon marché, vous ne l'attendez plus et vous faites bien. Les budgets des Etats représentatifs sont comme les avalanches : ils grossissent en marchant. Pour la grande considération que l'on vous promettait, il n'y paraît guère ; les républicains surtout vous traitent assez mal, quand vous défendez au péril de votre vie l'ordre public menacé. En dernière analyse, vous avez beaucoup perdu, ce qui est arithmétiquement démontré dans vos livres de caisse, et je pense que vous auriez peine à dire ce que vous avez gagné. Votre erreur est là, ne l'oubliez point : c'est que vous en avez cru des gens de parti, qui s'intéressent aux hommes du pouvoir et à leurs discussions politiques plus qu'à vous. Notre système, à nous amis de l'Evangile, aurait

des conséquences précisément opposées sur la marche de
vos affaires ; nous préférons , il est vrai , les lumières et les
mœurs à votre industrie ; mais ces deux choses ne serviraient qu'à la rendre plus florissante, et à garantir de toute
perturbation vos utiles travaux.

LETTRE VI.

Les lumières et les mœurs.

Venons maintenant aux conditions que les hommes politiques tiennent pour secondaires, et que les hommes religieux regardent comme absolument indispensables à la prospérité publique, les lumières et les mœurs, l'éducation du peuple et son perfectionnement moral. On y trouvera de nouvelles données sur la grande question que je me suis proposé de résoudre.

Il semble, au premier abord, que je fais un injuste reproche aux partis actuels, en les accusant de ne mettre les lumières que sur la quatrième ligne. Si quelqu'un, après avoir vu le tableau que j'ai présenté dans ma première lettre, s'en allait interroger un écrivain politique, et lui disait : Je viens de lire dans un journal religieux que vous n'attachez qu'un prix fort médiocre aux lumières, et que vous songez à gouverner le peuple bien plus qu'à l'éclairer; n'est-ce pas une fausse accusation? Sans doute, répondrait de la meilleure foi du monde l'écrivain politique; ce journaliste, malgré sa religion, nous calomnie, mes amis et moi. Nous désirons beaucoup que le peuple soit éclairé; nous prisons les lumières plus que personne; nous ne demandons pas mieux que de pouvoir ouvrir des écoles jusque dans le moindre hameau. Un peuple ignorant et abruti ne nous irait pas du tout; il se remettrait sous le joug des prêtres et d'un autre don Miguel. Celui qui nous accuse de mésestimer l'instruction élémentaire, ne sait-il pas que cette instruction est la principale garantie de notre puissance et de nos formes de gouvernement? S'il nous suppose de l'égoïsme, au moins ne devrait-il pas nous supposer une telle niaiserie?

A cette réponse voici ma réplique. Il est bien vrai qu'en théorie chacun se loue de vouloir propager les lumières. Il est encore vrai que l'instruction du peuple serait le plus solide fondement du nouvel ordre de choses. Je persiste cependant à dire que les partis politiques ne mettent les lumières que sur la quatrième ligne, et cela par les deux raisons suivantes : premièrement, il faut juger les intentions des partis, non d'après leurs paroles, mais sur leurs actions; ensuite, je crois que les mots *lumières, instruction du peuple*, sont employés par les hommes politiques et par les chrétiens dans des sens fort différens.

Si j'avais vu nos divers partis s'occuper avec zèle et persévérance de l'éducation populaire, réclamer à voix haute les lois qui doivent la régir, et ne se point donner de relâche jusqu'à ce qu'ils les eussent obtenues; si j'avais vu les organes du ministère insister journellement sur ce sujet, au lieu de s'appesantir sur le personnalisme et sur des questions de principes ; si j'avais vu les journaux de la gauche faire de généreux efforts pour éclairer le peuple, plaider sa cause avec chaleur, ouvrir des souscriptions pour fonder de nouvelles écoles, au lieu d'en ouvrir pour les plus chétifs intérêts de coterie; si j'avais vu s'organiser partout, sous le patronage de nos hommes les plus influens, des sociétés d'éducation, et de bons livres élémentaires se répandre dans chaque ville, bourg et village ; si j'avais vu, enfin, de l'activité, des sacrifices, du dévouement, de nobles et grandes entreprises en faveur de la propagation des lumières, j'aurais été heureux de rendre témoignage à la vérité.

Malheureusement je vois, à peu de chose près, tout le contraire. La loi sur l'instruction publique et sur la liberté d'enseignement, loi promise dans la Charte, n'a pas encore été donnée à la France. Quelques milliers de francs de plus

dans les allocations du budget, un changement d'organisation introduit dans les comités cantonaux pour affaiblir
l'influence des curés, trois ou quatre circulaires ministé-
rielles, tout s'est borné là pour le gouvernement et pour
les Chambres. Le portefeuille de l'instruction publique est
considéré comme le plus petit des portefeuilles, tant l'éducation du peuple est mise à peu de valeur dans notre système politique. En dehors des pouvoirs constitués je cherche
ce qu'on a fait. Les journaux les plus répandus ne publient
aucun article sur l'instruction populaire, à moins qu'ils n'y
découvrent quelque sujet d'opposition, et ce n'est plus dès
lors pour éclairer, mais pour récriminer, qu'ils s'en occupent. Deux ou trois associations se sont formées à Paris
dans le but de propager les lumières, entre autres celle de
l'Emancipation intellectuelle. Cette société publie un journal qui ressemble fort à une entreprise de librairie, et dont
je parlerai bientôt. Mais où sont les écoles qu'elle a ouvertes?
où sont les souscriptions, les sacrifices pécuniaires de ses fon-
dateurs? où sont ses comités auxiliaires dans les départemens?
Je la compare aux sociétés du même genre en Angleterre
et aux États-Unis, et je ne sais pourquoi l'idée d'une spé-
culation honorable et adroite en même temps pour les membres actifs ne cesse de me poursuivre. En résumé, je trouve
une vie ardente, infatigable, quand il s'agit des questions
politiques, et une langueur presque mortelle, quand il s'agit
de l'éducation du peuple. Si j'en conclus que les partis placent les lumières après les personnes et les formes de gouvernement, ai-je si grand tort?

La statistique appuie ces réflexions par des chiffres qu'il
n'est guère possible de contester. Les différens partis qui
travaillent la France depuis quarante ans l'ont laissée, pour
l'instruction primaire, au-dessous de la plupart des autres
contrées de l'Europe. Quelques rois absolus ont mieux
éclairé leurs sujets que nos hommes d'état leurs concitoyens.

D'ailleurs, en supposant à nos divers partis autant de

zèle qu'ils en montrent peu pour la diffusion des lumières,
il faudrait encore s'entendre sur la chose elle-même. En-
seigner aux classes inférieures à lire, à écrire, à chiffrer, à
crayonner quelques esquisses de dessin linéaire, est-ce éclairer le peuple? Non, assurément; ce n'est que lui fournir un
moyen de s'éclairer. Ce qu'on nomme instruction ne fait
que préparer à l'instruction. La porte qui conduit à l'édifice n'est pas l'édifice lui-même, et l'on n'a jamais prétendu
qu'un ouvrier sache son état, par cela seul qu'il tient entre
les mains les outils necessaires pour l'apprendre. L'art de la
lecture n'est que le matériel de l'éducation : instrument nul,
si le peuple ne lit point; instrument funeste, si le peuple
lit de mauvais livres. Or, l'immense majorité de ceux qui
savent lire dans les classes inférieures en use de la sorte : les
uns ne lisent dans toute l'année que leur almanach ; les autres lisent des ouvrages impies, obscènes, ou tout au moins
frivoles. Si l'on donne une arme à un conscrit, et qu'il la
laisse dormir dans la caserne, ou qu'il s'en serve pour se
blesser, dira-t-on que ce pauvre conscrit est devenu habile
dans l'art militaire? la véritable instruction du peuple ne
consiste pas à savoir lire, mais à savoir choisir de bonnes
lectures et à vouloir en profiter. D'où il suit que cette instruction même n'est réelle et solide qu'autant qu'elle est
accompagnée de l'éducation, qui peut seule inspirer le goût
des bons livres et le désir d'en faire un bon usage. L'art de
la lecture qui ne conduit pas à l'instruction n'est rien ;
l'instruction sans l'éducation est une arme à deux tranchans
qui produit plus de mal que de bien. par la raison que
l'homme a plus naturellement des vices que des vertus.

On s'explique ainsi une contradiction apparente qui
existe entre l'opinion générale et certains faits d'expérience.
L'opinion est persuadée qu'on ne peut améliorer les hommes qu'en propageant les lumières ; mais des faits récemment constatés montrent qu'il y a plus des coupables, pro-
portionnellement à la population, dans les provinces où les

lumières sont le plus répandues. Comment accorder sur ce point l'opinion avec l'expérience? Rien de plus simple. Quand l'opinion dit que les lumières améliorent les hommes, elle entend parler des vraies lumières ; quand l'expérience prouve que les lumières démoralisent les hommes, il s'agit des fausses lumières. D'une part, on juge de ce que ferait l'éducation avec l'instruction ; de l'autre, on constate ce que produit l'instruction sans l'éducation.

Enfin, lorsque des hommes de parti prétendent qu'il y va de leur intérêt propre de donner au peuple des lumières, on doit leur demander : quelles lumières? Des lumières sur quelques vieilles superstitions qui tomberaient d'elles-mêmes, des lumières sur l'ancien régime qui s'est écroulé sous les coups de la Constituante, des lumières sur leurs personnes et sur leurs systèmes politiques, en un mot, des lumières de parti, c'est-à-dire, des passions. Qui est-ce qui songe à contester que vous soyez d'ardens propagateurs de ces lumières-là? Qui est-ce qui nie que vous déclamiez dans vos journaux et à la tribune contre le despotisme, contre le clergé, contre la noblesse héréditaire, contre tant d'autres choses qui gênent le développement de vos théories? Le peuple, il faut y souscrire encore, vous écoute avec attention; il marche même plus vîte et plus loin que vous. Quand vous attaquez les pratiques superstitieuses, il s'attaque à la religion. Quand vous accusez certains prêtres, il met les églises au pillage. Quand vous discourez contre les priviléges des nobles, il se soulève contre les priviléges des propriétaires. Quand vous criez : liberté ! il crie : égalité ! Mais donnez-vous au peuple des lumières sur ses devoirs, sur les vertus qu'il devrait pratiquer, sur le but moral qu'il doit se proposer d'atteindre, sur son perfectionnement domestique et individuel ? Hélas! de telles lumières lui sont refusées, parce qu'elles ne vous servent plus à rien. Hommes de parti, vous avez intérêt, je le répète, à passionner le peuple, non à l'éclairer !

Ce manque de vraies lumières ajoute une grande cause à toutes les autres des tristes résultats de la révolution de juillet. Jamais circonstance plus favorable, jamais occasion plus belle ne fut offerte d'assurer l'avenir et la prospérité d'une nation. Le peuple pouvait tout demander, puisqu'il avait tout conquis, et la France était assez forte pour n'avoir pas besoin d'obtenir l'approbation des puissances étrangères dans ses arrangemens intérieurs. Supposez une population réellement éclairée, instruite sur ses devoirs aussi bien que sur ses droits; une population amie de l'ordre en même temps que de la liberté, possédant de solides lumières pour la garantir des sophismes, et prémunie contre les ambitions personnelles par une intelligence droite et cultivée : quelle prospérité! quelle paix au dedans! quelle puissance au dehors! quelle liberté dans les lois! quelle obéissance et quelle sagesse parmi les citoyens! Oh! oui, tu aurais été belle et glorieuse entre toutes les contrées du globe, terre de France! et les nations, en contemplant de loin tes sublimes exemples, se seraient inclinées devant toi!

Mais qu'est-il arrivé? Une partie du peuple français n'a point de lumières, l'autre partie a des lumières fausses, et tous les perfectionnemens qu'il était permis d'espérer à la fin de juillet ont été viciés ou suspendus. On a restreint la liberté pour se préserver de la licence et de l'anarchie. Les droits électoraux ont été concentrés dans les imposés à 200 francs, qui sont à toute la nation comme un est à trente, parce que, de l'aveu même des hommes de la gauche, la masse du peuple est encore trop ignorante et trop abrutie pour les exercer avec discernement. Il y a plus. La multitude qui vit d'industrie a maintes fois brisé par les émeutes son gagne-pain; elle n'a pas même eu assez de lumières pour savoir que la force brutale, bien loin d'accroître ses moyens d'existence, les détruirait. Ailleurs, de pauvres paysans se sont armés pour de vaines questions de personnes. Le peuple de Paris, si héroïque et si pur dans ses jours de victoire, a réclamé quatre têtes avec tant de fureur qu'il a fallu les lui dérober par subterfuge. On a vu partout, non seulement les classes inférieures, mais beaucoup de membres de la classe moyenne, oublier leurs véritables intérêts, compromettre leur avenir, afin de s'attacher à des hommes, à des formes de gouvernement, qui ne pouvaient être que stériles, sinon funestes pour la prospérité du pays. Les feuilles les plus pitoyables ont trouvé des échos; les plus sanglantes factions, des séides. Le gouvernement n'a pu rétablir un peu de calme que par la logique de la force. Tels sont les fruits de l'absence des vraies lumières. Les uns n'ont pas voulu éclairer le peuple; d'autres l'ont mal éclairé; on a relégué l'instruction après d'autres conditions moins importantes, et toutes les espérances de juillet ont été déçues. Celui qui sème le vent moissonne les tempêtes.

Les vraies lumières tiennent aux mœurs comme un fleuve tient à sa source, comme un effet à sa cause. En parlant de l'instruction du peuple, on a donc indirectement parlé de ses mœurs, et s'il est vrai qu'il soit mal éclairé, on en doit déjà conclure qu'il est peu moral. Les bonnes mœurs peuvent exister sans des lumières étendues, mais les vraies lumières n'existent pas sans de bonnes mœurs.

Est-il nécessaire de prouver que nos partis politiques relèguent les mœurs au dernier degré des conditions de prospérité nationale? Le sujet m'embarrasse, je l'avoue, non parce qu'il est obscur, mais parce qu'il est trop évident. Je voudrais trouver quelque chose en faveur de la moralité du peuple dans les discours ou dans les actes des partis, et je n'aperçois rien. Si je repasse les débats parlementaires, où l'on a longuement disserté sur les causes de notre malaise actuel, aucun orateur de l'opposition ni du ministère ne dit un mot sur le fond même de la question; sur l'imprévoyance, le défaut d'économie, le manque d'habitudes morales des classes populaires; sur les ambitions effrénées, les jalousies, les cabales, les intrigues des classes supérieures;

sur l'égoïsme, la manie d'ostentation, le caractère étroit des classes moyennes. On se contenterait de répondre au malencontreux député qui s'occuperait des mœurs de la nation qu'il ressuscite les homélies de l'archevêque de Grenade, et la peur du ridicule l'empêche d'indiquer les véritables causes de nos misères sociales. Si je parcours les journaux politiques, je n'y découvre non plus absolument rien sur les mœurs, rien sur les méthodes qu'il faudrait employer pour arrêter les progrès de cette corruption qui s'étend, comme une gangrène dévorante, des sommités de l'état jusqu'à ses dernières extrémités. Les feuilles quotidiennes se rattachent aux mœurs, parce que leurs articles passionnés dépravent le peu qui nous en reste, mais non parce qu'elles s'appliquent à les améliorer. D'autres journaux, qui ne sont pas politiques, donnent au peuple des conseils sur l'hygiéne, sur l'économie rurale ou domestique, sur les devoirs civils, sur les arts et métiers; mais sur les mœurs ils se taisent. En écrivant ces lignes, j'ai sous les yeux la feuille aux quatre-vingt-dix mille abonnés, publiée par la Société de l'Emancipation intellectuelle, sous le titre de *Journal des Connaissances utiles*. J'y cherche des réflexions morales, des avertissemens contre l'intempérance, contre l'inconduite, les faux jugemens et les calomnies, contre tout ce qui excite tant de troubles et de haines, contre tout ce qui produit tant de malheurs et de calamités; mais je cherche en vain : la morale de cette publication est renfermée dans les intérêts, et encore dans les intérêts matériels. Je me souviens à ce propos de la boutade d'un épais financier qui disait : Je ne comprends pas pourquoi mon fils veut épouser cette personne-là : au physique elle est laide, au moral elle n'a pas le sou ! Le moral, tel que l'entend la feuille aux innombrables abonnés, ressemble beaucoup, je le crains, à celui de l'homme de finances. Lors qu'enfin j'examine s'il y a, dans notre pays, des institutions fondées par les hommes politiques pour l'amélioration du peuple, mes regards plon-

4*

gent dans le désert. Sept ou huit caisses d'épargnes au plus pour trente-deux millions d'hommes ; une société de la *Morale chrétienne* qui s'est transformée en petites associations de bienfaisance locale, et qui donne à peine quelques signes de vie ; des établissemens de charité, destinés à subvenir aux misères du peuple, non à les prévenir : voilà tout. Je me reproche, en vérité, d'avoir dit que nos partis politiques placent les mœurs au cinquième et dernier degré ; il y aurait eu plus de franchise à soutenir qu'ils ne les placent à aucun degré quelconque.

Là est le ver rongeur de la révolution de juillet. « Il est plus facile de renverser une dynastie, comme l'a justement observé M. Odilon-Barrot, que de changer les mœurs d'un pays (1). » On peut se battre avec une héroïque valeur, et continuer à vivre dans l'oubli de tous ses devoirs ; on peut triompher des satellites du despotisme sans avoir la force de vaincre ses passions. De hauts faits d'armes, des traits admirables d'humanité, de désintéressement, se montrent dans les momens de péril et d'exaltation ; puis reviennent les vanités, les vengeances, les immoralités, les calomnies, les attentats contre l'ordre, tous les effets de la corruption des mœurs. La vertu militaire n'a qu'un jour ; les vices ont un lendemain qui ne finit plus.

En pourrait-on citer une preuve plus frappante que notre dernière révolution ? Comme il fut bientôt dénaturé, avili, le beau triomphe du peuple contre un pouvoir usurpateur ! comme les passions se hâtèrent de mutiler et de pervertir à

(1) Dans le discours qu'il a prononcé à Brumath, M. Odilon-Barrot a dit avec beaucoup de raison que le bonheur public ne saurait être complétement réalisé par les personnes qui gouvernent, et qu'il fallait, avant tout, de la patience et des mœurs. Cette idée correspondait à celle que j'avais développée dans mes premières lettres. On s'estime heureux d'être d'accord sur ce point avec l'honorable député. Puisse-t-il se faire un devoir d'émettre la même opinion à la tribune nationale, et la soutenir avec sa supériorité accoutumée !

leur profit les résultats de la victoire ! Quelle insatiable avidité d'emplois dans les antichambres ministériels ! quelles prétentions se heurtant les unes contre les autres dans les lieux parlementaires et dans les salons du Palais-Royal ! quel immense débordement de sollicitations et de vanités dans toutes les communes du pays ! quelles ignobles émeutes dans les rues ! On ne semblait, dans tous les partis, avoir obtenu plus de droits, que pour mieux enfreindre ses devoirs; les institutions étaient outragées, parce qu'elles étaient désarmées; tout paraissait mis hors la loi commune, excepté l'égoïsme.

Pourquoi craindrions-nous de le dire ? les mœurs, comme les vraies lumières, comme l'industrie, ont plutôt perdu que gagné par la révolution de juillet. Un gouvernement fort maintient une sorte de moralité sociale : la crainte des lois est la conscience des peuples corrompus. Mais quand le gouvernement est faible, quand les lois n'inspirent plus de crainte, les passions règnent à leur place; car il faut toujours un maître aux peuples. Si la vertu, fille de l'amour social, ne les gouverne pas, il faut que la peur les gouverne; et si la peur et la vertu sont toutes deux éteintes, il faut que le pouvoir tombe aux mains des passions. Cette loi universelle de la nature humaine, nos législateurs ne la changeront point.

Non seulement les mœurs politiques, mais toutes les espèces de mœurs ont subi une fatale influence depuis deux ans. Considérez la littérature actuelle; on a tracé la poétique d'un genre nouveau, l'*obscène*, et des écrivains d'un talent remarquable remuent sérieusement cette boue infecte pour y puiser de nouvelles émotions. Au théâtre, on ne voit plus que des héros ensanglantés par le meurtre, et des héroïnes salies par l'adultère. Sur une autre scène, on a prêché publiquement la promiscuité des femmes. Le suicide court les rues et les carrefours, comme dans les temps où Rome avait jeté tous ses dieux dans la fange de ses lupanars; des jeunes gens se tuent au moment où ils pourraient commencer de vivre. Le duel, qui s'était affaibli vers la fin du dernier siècle, a pris un caractère presque légal, comme moyen de vider les querelles politiques ; à Paris, les plus hauts fonctionnaires, les gardiens des lois se sont rendus sur le pré ; à Grenoble, les autorités ont institué un champ-clos. Voilà pour les mœurs des grandes villes. Dans les bourgs et les campagnes, surtout dans les lieux où se propage l'industrie, la plus honteuse immoralité ne fait plus rougir. On pourrait dresser une échelle des degrés de corruption que parcourent successivement sous nos yeux les classes inférieures. La vanité, type du caractère français, engendre l'envie de paraître ; l'envie de paraître engendre le besoin du luxe ; le besoin du luxe engendre les dépenses folles ; les folles dépenses engendrent la misère, l'inconduite, et de là aux vices les plus scandaleux il n'y a qu'un pas. Les écrivains qui prétendent que les mœurs s'améliorent, n'ont jamais visité les petites villes et les hameaux ; ils se font une France de fantaisie, qui n'est point la véritable France ; peut-être seraient-ils plus près de la vérité, s'ils consultaient les registres des enfans trouvés.

On ne doit donc pas s'étonner si la révolution de juillet nous a placés, du moins sous quelques rapports, dans une position pire que celle où nous étions auparavant. Nous en avons déjà fait la remarque, les mœurs étant devenues plus mauvaises, les fausses lumières ayant obtenu plus de crédit, la France a vu s'affaiblir les conditions essentielles de bonheur public ; et les personnes qui gouvernent, de même que les formes de gouvernement, sont impuissantes pour y suppléer. D'habiles architectes ont construit un vaste édifice ; ils y ont placé des locataires fort honorables ; la seule chose qu'ils aient oubliée, ce sont les fondemens.

De tout l'ensemble de nos réflexions, déduisons deux leçons importantes qui dominent à la fois l'état politique et religieux du pays.

La première, c'est que le moyen d'atteindre à la prospérité que nous désirons ne se trouvera pas dans un changement d'hommes ni de formes constitutives. Qu'il y ait une
dynastie ou une autre, des ministres du juste-milieu ou des
ministres de l'opposition ; que l'on conserve un roi ou qu'on
établisse un président ; que nous adoptions les lois anglaises
ou les lois américaines, le mal n'est point là , ni le remède
non plus. Le mal est dans les mauvaises mœurs, dans les
fausses lumières qui égarent le pays ; le remède consiste
donc à changer les mœurs, à corriger les lumières. Tant
que la France n'entrera pas dans cette voie, elle agira
comme un malade qui croit se guérir, parce qu'il se re-
tourne tantôt d'un côté, tantôt d'un autre ; ses agitations
augmentent sa douleur, bien loin de l'apaiser ; et le malade,
tout en se flattant d'être mieux, descend de crise en crise
jusqu'aux portes du tombeau. Nous avons peu d'espoir
d'amener à nos vues les chefs de parti ; leur intérêt personnel les défend trop bien contre la vérité. Mais il y a dans
toutes les opinions politiques des hommes probes, généreux
et sincères : qu'ils ouvrent donc les yeux avant d'arriver jusqu'aux bords de l'abîme ; qu'ils laissent les questions de formes et d'individus pour s'attacher aux questions de mœurs
et d'éducation : tout notre avenir en dépend.

La deuxième leçon, c'est que, pour marcher avec persévérance dans cette voie nouvelle, il faut avoir un esprit
nouveau, un cœur nouveau, une nouvelle âme ; en d'autres
termes, il faut être chrétien. Les hommes droits de tous les
partis pourront sentir que nous leur donnons un sage con-
seil, en les engageant à s'occuper de l'instruction et de la
moralité du peuple ; mais ils resteront incapables de le suivre
avec la fermeté qui fait seule réussir les projets humains,
aussi long-temps qu'ils ne seront pas convertis à l'Évangile.
Les erreurs que nous avons combattues ont leur principale
racine dans l'irréligion. L'irréligion laisse régner l'égoïsme ;
l'égoïsme égare l'esprit, et le désordre de l'esprit crée la

déplorable classification qui élève ce qui doit être abaissé, et qui abaisse ce qui doit être élevé. L'arbre fatal ne périra point, si l'on ne coupe d'abord la racine, et pour couper cette racine, l'homme n'a pas un glaive assez tranchant ; il doit l'emprunter à la Parole de Dieu. La religion chrétienne remplacerait l'égoïsme par l'amour, le désordre de l'esprit par la vérité, la fausse classification des conditions de prospérité nationale par une vraie classification, le malaise de la France enfin par un état de calme et de bonheur. De même que l'homme n'est pas seulement corrigé par la foi chrétienne, mais converti, de même la destinée d'une nation ne serait pas seulement améliorée par l'Evangile, mais renouvelée. Quand le soleil se lève sur l'horizon, il ne jette pas quelques pâles rayons à travers les ténèbres ; il chasse toutes les ombres de la nuit, en répandant à flots immenses tous les trésors du jour.

Mais il est temps de finir ce travail. On me pardonnera, je l'espère, la grande étendue de mes lettres. « L'erreur, dit M. de Bonald, n'a qu'un fond bientôt épuisé ; la vérité est infinie dans ses développemens. » L'amour n'est pas moins inépuisable ; et celui qui aime son pays, après Dieu, plus que tout autre chose qu'on aime ici-bas ; celui qui donnerait volontiers le reste de vie que lui réserve le ciel pour voir la France chrétienne, heureuse et libre ; celui-là franchit involontairement les bornes ordinaires, et quand il cherche les moyens de rendre le bonheur à sa patrie, il ne sait plus s'arrêter.

LE SEMEUR,

JOURNAL RELIGIEUX,

Politique, Philosophique et Littéraire,

PARAISSANT TOUS LES MERCREDIS.

Le champ, c'est le monde.
MATTH. XIII, 38.

———◦———

CONDITIONS DE L'ABONNEMENT :

Pour un an. . . . . 15 fr.
Pour six mois.. . . . . . 8 fr.
Pour trois mois. . . . . . 5 fr.

*On s'abonne rue Martel, N° **11**.*

C'est dans ce journal que les lettres qui précèdent ont d'abord été publiées.

LIBRAIRIE DE J.-J. RISLER,

RUE DE L'ORATOIRE, N° 6, A PARIS.

DISCOURS

SUR

QUELQUES SUJETS RELIGIEUX,

PAR A. VINET.

Un vol. in-8°. — Seconde édition, revue et augmentée.
Prix : 4 fr. 50 c.

RÉCIT

DE

LA PERTE DU BATEAU A VAPEUR

LE

ROTHSAY-CASTLE;

PAR J. H. STEWART.

Traduit de l'Anglais.

Prix : un franc.

CORRESPONDANCE

ENTRE

LE PÈRE LA CHAISE ET JACOB SPON.

Brochure in-12.—Prix : 30 c.

LE PÈRE CLÉMENT,

ou

LE JÉSUITE CONFESSEUR,

PAR MISS KENNEDY.

2 volumes in-12. — Prix : 3 fr.

Il existe aussi une édition de cet ouvrage en un seul volume.

DUNALLAN,

ou

CONNAISSEZ CE DONT VOUS JUGEZ;

PAR MISS KENNEDY.

4 volumes in-12. — Prix : 12 fr.

L'ÉCOSSAIS EN IRLANDE,

ou

FOI ET SUPERSTITION.

PAR MISS KENNEDY.

Un volume in-12. — Prix : 1 fr. 50 c.

CHRESTOMATHIE FRANÇAISE,

ou

CHOIX DE MORCEAUX TIRÉS DES MEILLEURS AUTEURS FRANCAIS;

PAR A. VINET.

3 vol. in-8° cartonnés. — Prix : 15 fr.

LES DEUX AMIS,

ou

DOUTE ET CONVICTION;

PAR MISS KENNEDY.

TRADUIT DE L'ANGLAIS.

Un vol. in-12. — Prix : 3 fr.

L'ÉDUCATION PROGRESSIVE,

ou

ÉTUDE DU COURS DE LA VIE;

PAR Mme NECKER DE SAUSSURE.

2 volumes in-8°. — Prix : 14 fr. — Le second volume se vend séparément.

ESSAI

SUR LE CHRISTIANISME,

Envisagé dans ses rapports avec la perfectibilité de l'être moral.

PAR ÉDOUARD DIODATI.

Un volume in-8°. — Prix : 6 fr. 50 c.

Imprimerie de SELLIGUE, rue des Jeûneurs, n° 14.